高中篇

数学原来在这里

函数 ┊ 几何与代数 ┊ 概率与统计

王文皓 主编

華東理工大學出版社
EAST CHINA UNIVERSITY OF SCIENCE AND TECHNOLOGY PRESS
·上海·

本书编委会

主　编

王文皓

编　委

（按姓氏笔画排序）

丁依凌　王　跃　王　霞　乐嘉文　李　萍

李应敏　时　杰　陆诗瑶　陈添翼　金秋玥

赵婧莹　姚　雪　贺轻燕　徐振宇　雷诗雨

前言

数学无处不在，生活中的每一个细节都蕴含着数学的智慧。你是否曾经思考过，汽车如何加油更划算？在贷款购车和买房时，如何才能做出最优的决策？足球是由多少块黑色皮和白色皮缝合而成的？切 n 刀最多能将一个比萨饼切成多少块？买彩票中一等奖的概率是多少？班级里至少有 2 人同月同日出生的概率有多大？这些看似平常的问题，其实都可以通过数学来解答。数学不仅是课堂上的一门学科，更是我们理解和解决现实问题的有力工具。

《数学原来在这里（高中篇）》这本书，旨在通过生活中的真实情景，引导读者发现数学的魅力。书中的每一个案例都源自我们的日常生活，通过这些常见的情景，读者可以逐步理解复杂的数学概念和原理。这本书不仅适合高中入学的新生，同样适合有一定数学基础的各类读者。

本书的编写团队来自上海市浦东新区高中数学学科工作坊，我们致力于从最基本的概念入手，逐步深入，力求做到化繁为简，让读者在轻松愉快的氛围中感受数学的独特魅力，并感受这门学科的育人价值。

下面让我们一起开启这段数学探险之旅，发现数学的无穷魅力吧！

上海市建平中学　王文皓

2024 年 8 月

目录

第1章 函数

第 2 章 几何与代数

（2）如果 a，b 是正数，那么 $\dfrac{2}{\dfrac{1}{a}+\dfrac{1}{b}} \leqslant \sqrt{ab}$，当且仅当 $a=b$ 时等号成立。

一般地，对任意 $a_i>0$（$i=1, 2, \cdots, n$），都有 $\dfrac{n}{\dfrac{1}{a_1}+\dfrac{1}{a_2}+\cdots+\dfrac{1}{a_n}} \leqslant \sqrt[n]{a_1a_2\cdots a_n}$，当且仅当 $a_1=a_2=\cdots=a_n$ 时等号成立。

（3）如果 a，b 是正数，那么 $\dfrac{2}{\dfrac{1}{a}+\dfrac{1}{b}} \leqslant \dfrac{a+b}{2}$，当且仅当 $a=b$ 时等号成立。

基本不等式的变式

一般地，对任意 $a_i>0$（$i=1, 2, \cdots, n$），都有 $\dfrac{n}{\dfrac{1}{a_1}+\dfrac{1}{a_2}+\cdots+\dfrac{1}{a_n}} \leqslant \dfrac{a_1+a_2+\cdots+a_n}{n}$，当且仅当 $a_1=a_2=\cdots=a_n$ 时等号成立。

解答

我们不妨先从最简单的情形开始讨论。假设给汽车加了 2 次油，第 1 次加油时的油价为 a_1 元/升，第 2 次加油时的油价为 a_2 元/升。

设此时根据乐乐爸爸的加油方案，加油的平均油价为 S_1 元/升；根据乐乐妈妈的加油方案，加油的平均油价为 S_2 元/升，则

$$S_1=\frac{20a_1+20a_2}{40}=\frac{a_1+a_2}{2} \geqslant \sqrt{a_1a_2}，\text{当且仅当 } a_1=a_2 \text{ 时取等号。}$$

$$S_2=\frac{300+300}{\frac{300}{a_1}+\frac{300}{a_2}}=\frac{2}{\frac{1}{a_1}+\frac{1}{a_2}}\leqslant\sqrt{a_1a_2}$$，当且仅当 $a_1=a_2$ 时取等号。

所以当 2 次加油的油价不同时，乐乐妈妈的加油方案更划算；当 2 次加油的油价相同时，两个方案一样划算。

那么当加油次数超过 2 次呢？ 假设一共加了 n（$n>2$）次油，第 i（$i=1$，2，…，n）次加油时的油价为 a_i 元/升。

设此时根据乐乐爸爸的加油方案，加油的平均油价为 S_3 元/升；根据乐乐妈妈的加油方案，加油的平均油价为 S_4 元/升，则

$$S_3=\frac{20a_1+20a_2+\cdots+20a_n}{20n}=\frac{a_1+a_2+\cdots+a_n}{n}$$

$$S_4=\frac{300n}{\frac{300}{a_1}+\frac{300}{a_2}+\cdots+\frac{300}{a_n}}$$

$$=\frac{n}{\frac{1}{a_1}+\frac{1}{a_2}+\cdots+\frac{1}{a_n}}\leqslant\frac{a_1+a_2+\cdots+a_n}{n}$$

综上所述，当每一次加油的油价不完全相同时，妈妈的加油方案更划算；当每一次加油的油价完全相同时，两种加油方案一样划算。

问题

02 水流速度对往返时间有没有影响？

知识点：基本不等式

乐乐一家自驾旅游来到一处水上游览项目（图 1-2-1），游船从码头 A 出发到码头 B，然后立即原路返回码头 A。游船在静水中的速度恒定不变，当不考虑水流速度时，该项目所用时间为 40 min。若考虑水流速度（假设水流速度小于游船在静水中的速度），该项目所用的时间还是 40 min 吗？ 请你考虑以下两种情况：水流方向与 AB 平行或垂直。

图 1-2-1

分析

如图 1-2-2 所示，若水流方向与 AB 平行，不妨设从码头 A 到码头 B 是顺流而行，则从码头 A 出发到码头 B 时，游船的速度为船在静水中的速度与水流速度之和，从码头 B 返回到码头 A 时，游船的速度为船在静水中的速度与水流速度之差。此时，项目所用时间为去程所用时间与返程所用时间之和，由此可以进行计算和比较。除了这种方法，由于总路程相同，比较往返时间也可转化为比较平均速度。

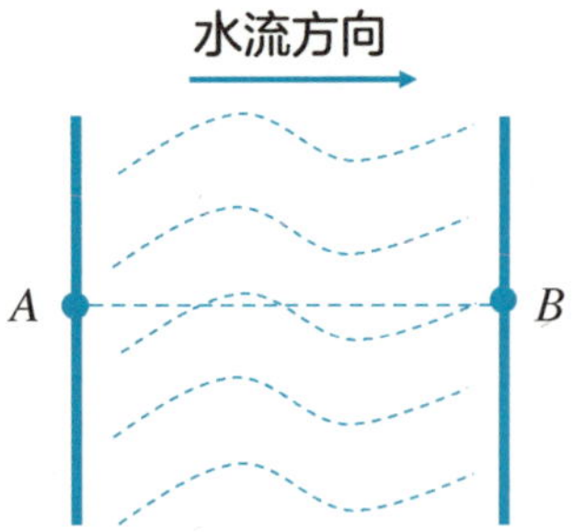

图 1-2-2

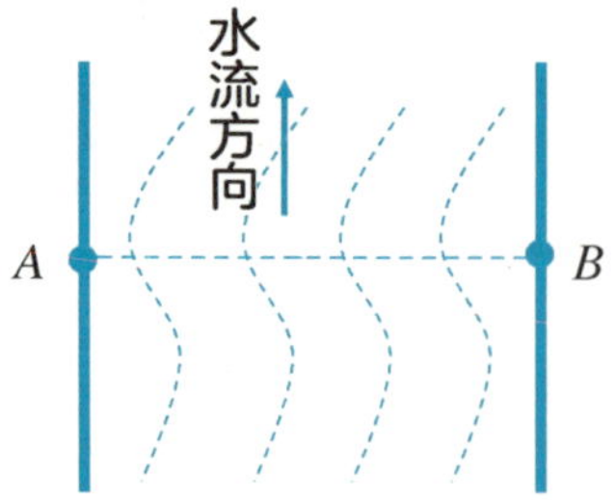

图 1-2-3

如图 1-2-3 所示，若水流方向与 AB 垂直，不妨设从码头 A 到码头 B 是自西往东，水流方向是自南往北。为了使船在水流中能从码头 A 行驶到码头 B 并返回码头 A，船的航向不再是东西方向，而是如图 1-2-4 所示，去程为南偏东一定角度（假设为 θ），返程为南偏西一定角度（仍然是 θ），这样竖直方向的分速度才正好抵消水流速度，满足合速度方向为从一个码头指向另一个码头。因此，船从码头 A 行驶到码头 B 时自西向东方向上的分速度小于船在静水中的速度，返程时同理。由此可以判断出项目所用时间比 40 min 多。

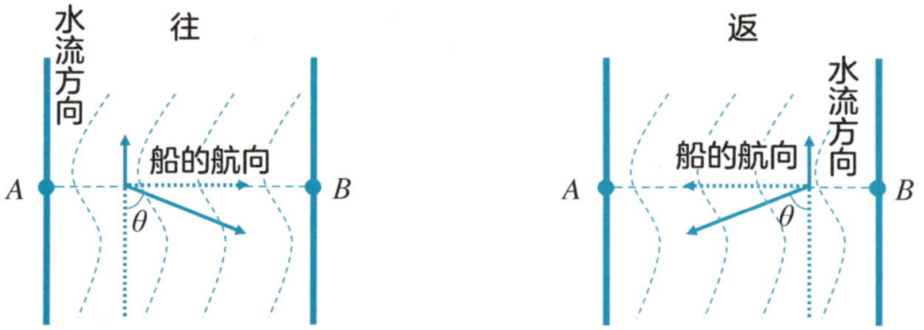

图 1-2-4

解答

设船在静水中的速度为 v_1，水流速度为 v_2，$v_2 < v_1$，A、B 间的距离为 L，则不考虑水流速度时项目所用时间为 $t_{静} = \dfrac{2L}{v_1}$。

问题 04

汽车能快速通过下一个红绿灯吗？

知识点：二次函数

杨天予的爸爸和舅舅各有一辆私家车，爸爸的车是每秒可以加速 10 km/h 的燃油车，舅舅的车是电动车，每秒可以加速 15 km/h。

一天，他们各自开车上路，到了同一个路口等待（图 1-4-1），面前的红绿灯和下一个路口的红绿灯同时变为绿色，两个红绿灯之间的距离为 200 m，下一个路口红绿灯的持续时间为 20 s，那么两辆车是否都能在下一个路口的红绿灯变为红色前通过下一个路口？

图 1-4-1

分析

本题讨论的是汽车从静止状态出发，保持一定的加速度，在红绿灯改变前能否通过下一个路口。我们可以通过二次函数来研究加速度问题。

二次函数

关于 x 的最高次项为二次的多项式函数称为 x 的**二次函数**（图 1-4-2）。二次函数的一般形式为 $y = ax^2 + bx + c$ （$a \neq 0$）。

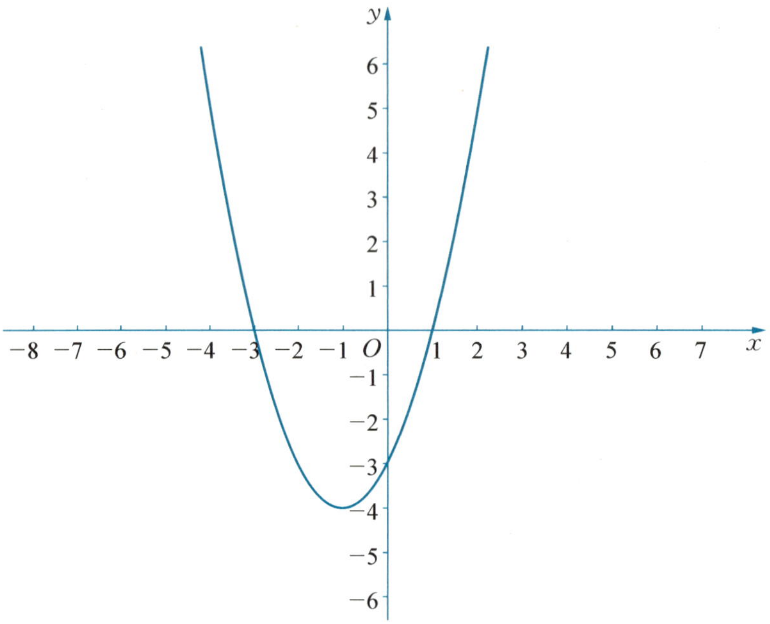

图 1-4-2

考虑汽车从静止状态开始加速，设加速度为 a m/s^2，在 t s 内行驶的距离为 y m，它们符合 $y=\frac{1}{2}at^2$ 的关系式，其中，a 是指每秒的速度变化量，比如每秒以 3 m/s 的速度加速时，加速度为 3 m/s^2。

解答

我们先分别计算一下两辆车的加速度，注意 1 km = 1 000 m， 1 h = 3 600 s。

爸爸的燃油车的加速度为 $10\times 1\,000\div 3\,600=\frac{25}{9}$（m/s^2），即每秒速度增加 $\frac{25}{9}$ m/s。

舅舅的电动车的加速度为 $15\times 1\,000\div 3\,600=\frac{25}{6}$（$m/s^2$），即每秒速度增加 $\frac{25}{6}$ m/s。

接下来只需分别计算一下两辆车以这种加速度前进 200 m 需要的时间，即可判断是否赶得上在 20 s 内通过下一个路口。

将爸爸的燃油车的加速度 $\frac{25}{9}$ m/s^2，代入 $y=\frac{1}{2}at^2$，得 $200=\frac{1}{2}\times\frac{25}{9}\times t^2$，解得 $t=12$ s。也就是说按照这个加速度，爸爸的燃油车通过下一个路口需要 12 s。

将舅舅的电动车的加速度 $\frac{25}{6}$ m/s^2，代入 $y=\frac{1}{2}at^2$，得 $200=\frac{1}{2}\times\frac{25}{6}\times t^2$，解得 $t=4\sqrt{6}$ s。也就是说按照这个加速度，舅舅的电动车通过下一个路口需要 $4\sqrt{6}\approx 9.798$ s。

所以，在下一个红绿灯改变之前的 20 s 内，两辆车都可以顺利通过下一个路口。

当然，在实际生活中，司机一般是在加速一段时间后，停止加速而转变为以固定速度行驶。比如爸爸的燃油车加速 6 s 后停止加速，那么行驶 200 m 所需要的时间会长一些，计算如下：

在加速的 6 s 内前进的距离为 $y=\frac{1}{2}\times\frac{25}{9}\times 6^2=50$（m），此时剩余距离为 $200-50=150$（m），速度为 $\frac{25}{9}\times 6=\frac{50}{3}$（m/s），以恒定速度行驶剩余路程需要的时间为 $150\div\frac{50}{3}=9$（s）。行驶全程 200 m 需要的时间为 $6+9=15$（s）。

对于舅舅的电动车来说，类似地可以得到结果为 11 s，所以如果先加速 6 s 再匀速行驶，两辆车仍然可以快速通过下一个路口。

问题

05 一个学期后的零花钱有多少？

知识点：指数函数

新学期快来了，按照惯例，嘉嘉每个星期都会从妈妈那儿得到一些零花钱（图 1-5-1）。妈妈想让嘉嘉更加用心学习，约定如果这周的数学作业都能做对，那么下周给的零花钱就加倍！ 比如，第 1 周嘉嘉得到 1 块钱，那么第 2 周就可以得到 2 块钱，即原来的两倍。如果嘉嘉继续保持，那么第 3 周他就可以得到 4 块钱……这样下去，假设一个学期有 20 周，那么嘉嘉最后一周拿到的零花钱会是多少？

图 1-5-1

分析

同学们是否听过阿基米德在国王的棋盘上放米粒的故事？ 有一个 8×8 的棋盘，开始时我们在第一个格子中放 1 粒米粒，接着在第二个格子中放 2 粒米粒，然后是 4 粒米粒……依此类推，每个格子中的米粒数都是前一个格子的 2 倍，直到填满 64 个格子，那么一共需要多少粒米粒呢？

这种按 2 的 n 次方增长的方式，让我们想到了指数函数。

指数函数

当底数 a 固定，$a>0$ 且 $a\neq1$ 时，等式 $y=a^x$ 确定了变量 y 随变量 x 变化的规律，我们称之为底数是 a 的**指数函数**（图 1-5-2）。

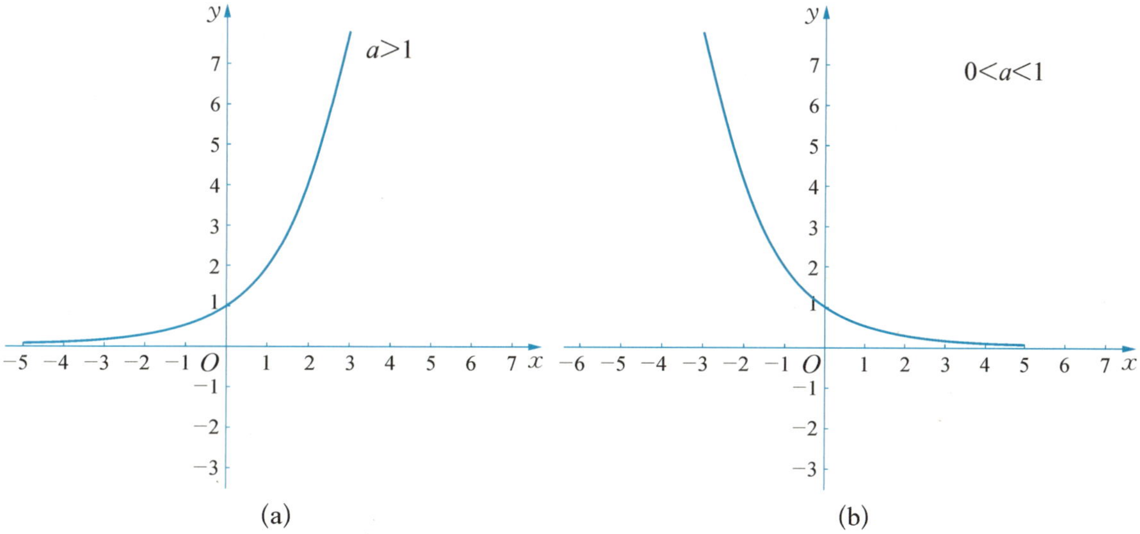

图 1-5-2

可以算得，一共需要 $1+2+4+\cdots+2^{63}=2^{64}-1\approx1.8\times10^{19}$（粒）米粒。类似地，要计算嘉嘉最后一周拿到的零花钱是多少，也就是要计算 $2^{20-1}=2^{19}$ 的结果。

解答

根据 $y=2^x$ 的表达式，列表如下。

x	0	1	2	3	4	5	…
y	1	2	4	8	16	32	…

观察上表不难发现，零花钱增加的速度越来越快，那么一个学期后，也就是第 20 周，嘉嘉拿到的零花钱到底有多少呢？

第 1 周：$2^0=1$（元）

第 2 周：$2^1 = 2$（元）

第 3 周：$2^2 = 4$（元）

第 4 周：$2^3 = 8$（元）

第 5 周：$2^4 = 16$（元）

…………

第 20 周：$2^{19} = 524\,288$（元）

按照这种算法，第 20 周嘉嘉拿到的零花钱竟然超过了 52 万元，这就是所谓的“指数爆炸”，一种增长速度快到令人震惊的现象。在现实生活中，这样的承诺显然是不能实现的。因此，妈妈可以设置一个上限，比如当零花钱超过 500 元时就不再翻倍了。

问题

06 “多多益善”是否总是正确的？

知识点：函数最值

这几年旅游业迎来了复苏（图 1-6-1），乐乐的叔叔所在的文旅企业准备在家乡开发一个新的旅游景区，前期投入 200 万元。经过统计发现，开业后一年所投入的成本与接待的游客人数有关，若该景区开业后的第一年接待游客 x 万人，则需另投入成本 $P(x)$ 万元，其中 $P(x)=$

$$P(x)=\begin{cases}16, & 0<x\leqslant 3,\\ x^2+24x-65, & 3<x<30,\\ 65x+\dfrac{900}{x}-425, & x\geqslant 30。\end{cases}$$

图 1-6-1

该景区门票的价格为 64 元 / 人。乐乐认为来参观的游客越多获利越多，但叔叔却说并不是游客越多利润就越多，也就是说在这里“多多益善”并不成立，那么第一年大约接待多少游客时，获得的利润最多？

分析

该景区的门票价格固定，而所投入成本与接待的游客人数有关。通过所获利润与门票价格、投入成本、游客人数之间的关系，可得到利润与游客人数的函数关系式。求出该函数的最大值，即可得到最大利润。

函数的最值

函数的最值包括**最大值**与**最小值**。函数 $y=f(x)$ 在 x_0 处的函数值是 $f(x_0)$，对于定义域内任意的 x，如果 $f(x)\leqslant f(x_0)$ 都成立，那么 $f(x_0)$ 就叫做函数 $y=f(x)$ 的最大值；相反地，如果 $f(x)\geqslant f(x_0)$ 都成立，那么 $f(x_0)$ 就叫做函数 $y=f(x)$ 的最小值。从图像上看，函数图像的最高（低）点的纵坐标即该函数的最大（小）值。

解答

设该景区第一年的利润为 $R(x)$ 万元，则

$$R(x)=\begin{cases}64x-200-16, & 0<x\leqslant 3,\\ 64x-200-(x^2+24x-65), & 3<x<30,\\ 64x-200-\left(65x+\dfrac{900}{x}-425\right), & x\geqslant 30,\end{cases}$$ 即

$$R(x)=\begin{cases}64x-216, & 0<x\leqslant 3,\\ -x^2+40x-135, & 3<x<30,\\ -x-\dfrac{900}{x}+225, & x\geqslant 30。\end{cases}$$

该分段函数的定义域被分成三个区间，各区间的解析式分别是一次函数、二次函数和“对勾”函数，求解该分段函数的最大值应首先考虑各区间上的最大值，随后对三个区间的最大值进行比较。

当 $0<x\leqslant 3$ 时，$R(x)=64x-216$，在该区间上是严格增函数，因此函数的最大值在 $x=3$ 时取得，$R(3)=-24$；

当 $3<x<30$ 时，$R(x)=-x^2+40x-135=-(x-20)^2+265$，在 $(3,20]$ 上是严格增函数，在 $(20,30)$ 上是严格减函数，因此函数的最大值在 $x=20$ 时取得，$R(20)=265$；

当 $x \geqslant 30$ 时，$R(x) = -\left(x + \frac{900}{x}\right) + 225 \leqslant -2\sqrt{x \cdot \frac{900}{x}} + 225 = 165$，当且仅当 $x = \frac{900}{x}$，即 $x = 30$ 时，等号成立。

因为 $-24 < 165 < 265$，所以当第一年的游客数量为 20 万人时，获得的利润最多，即 $R(x)_{\max} = 265$，最大利润为 265 万元（图 1-6-2）。

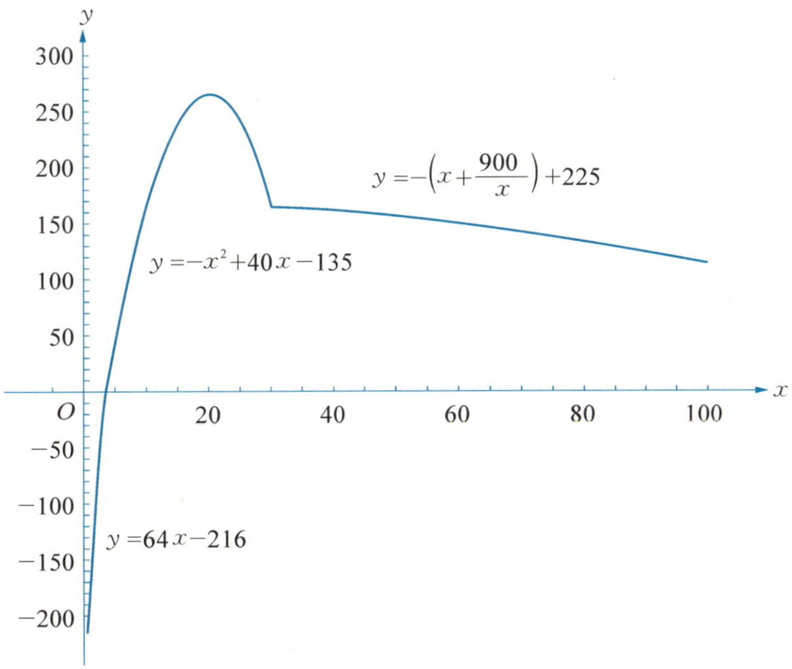

图 1-6-2

可以看到，对于该景区，第一年所投入的成本随着游客人数的变化而变化，因此在同样的票价下，利润与游客人数有关，游客人数并不是“多多益善”。

在实践中，若游客人数较少，可适当降低门票价格，以吸引更多游客；若游客人数过多，可适当增加门票价格，以减少游客人数，从而得到更多利润。

问题

07 声音强度是如何衡量的？

知识点：对数

有一次在上学路上，乐乐看到一个噪声测量仪，它显示的数据为 57.3 dB（图 1-7-1）。乐乐发现，现实生活中经常用分贝（dB）来描述声音的强度，但分贝又不像“米”“厘米”那样是能具象化的度量单位，它既看不见，也摸不着。于是乐乐对分贝产生了兴趣。通过查找资料，乐乐了解到 30 ~ 40 dB 是较为理想的安静环境，超过 50 dB 就会影响睡眠和休息，70 dB 以上会干扰谈话，90 dB 以上会损害听力……0 dB 是不是就是没有声音呢？ 影响睡眠和休息的 50 dB 与干扰谈话的 70 dB，两者的声音强度相差多少呢？

图 1-7-1

分析

声音是由物体的振动产生的，广义地说，把发声体产生的振动在一切介质中的传播称为**声波**。声波的强度简称声强度或声强，由于声强公式比较复杂，且声强变化范围太大，人们也经常用**声强级** $y = 10\lg \dfrac{I}{I_0}$ 来刻画声音的强度大小。其中，I 是某频率的声强，I_0 是频率为 1 000 Hz 时的声强，为 10^{-12} W/m^2，声强级的单位为 dB。

声强级公式中运用了常用对数，常用对数是以 10 为底的对数，记为 $\lg N$。

对数

在 $a>0$，$a\neq 1$，且 $N>0$ 的条件下，满足 $a^x=N$ 的数 x 叫做 N 以 a 为底的**对数**，用符号 $\log_a N$ 表示，并称 N 为**真数**。以 10 为底的对数称为**常用对数**，记为 $\lg N$，即有 $\log_{10}N=\lg N$。

对数运算规则

当 $a>0$，$a\neq 1$ 且 $M>0$，$N>0$ 时，$\log_a(MN)=\log_a M+\log_a N$，

$\log_a \dfrac{M}{N}=\log_a M-\log_a N$，$\log_a N^c=c\log_a N$ $(c\in \mathbf{R})$。

解答

由声强级公式可知，当声强级为 0 dB 时，$0=10\lg\dfrac{I}{I_0}$，即 $\dfrac{I}{I_0}=1$，故 $I=10^{-12}\ \mathrm{W/m^2}$。因此，0 dB 时声强并不为 0，即并不是完全没有声音。0 dB 是人刚能听到的最微弱的声音。

设声强级为 50 dB 时的声强为 I_{50}，声强级为 70 dB 时的声强为 I_{70}，

则有 $\begin{cases}50=10\lg\dfrac{I_{50}}{I_0},\\ 70=10\lg\dfrac{I_{70}}{I_0},\end{cases}$ 两式相减，得 $20=10\left(\lg\dfrac{I_{70}}{I_0}-\lg\dfrac{I_{50}}{I_0}\right)=10\lg\dfrac{I_{70}}{I_{50}}$，即 $\lg\dfrac{I_{70}}{I_{50}}=2$，故 $\dfrac{I_{70}}{I_{50}}=100$。

因此，声强级为 70 dB 时的声强是声强级为 50 dB 时的声强的 100 倍。原来声强级每升高 10 dB，声强就变为原来的 10 倍。

问题

08

如何规划才能使公司的收益最大？

知识点：线性规划

乐乐爸爸开了一家物业公司，现有主管 50 名、保安 140 名、保洁员 220 名。该公司承接了一幢办公楼和一个居民小区的管理项目，管理办公楼和居民小区所需的工作人员如下表所示。

管理对象	所需工作人员数量/名		
	主　管	保　安	保洁员
办公楼	1	4	2
居民小区	1	1	5

已知管理一幢办公楼，公司每月收益 3 万元；管理一个居民小区，公司每月收益 2 万元。乐乐爸爸想知道，按照公司现有的人力资源，承接多少幢办公楼和多少个居民小区可使收益最大？

分析

设承接了 x 幢办公楼、y 个居民小区，则 $\begin{cases} x+y\leqslant 50, \\ 4x+y\leqslant 140, \\ 2x+5y\leqslant 220, \\ x\in \mathbf{N}, \\ y\in \mathbf{N}. \end{cases}$ 将此条件记为“*”，设公司的收益为 z 万元，则对于满足上述条件的 x，y，有 $z=3x+2y$，

于是问题转化为求满足条件“*”时 z 的最大值问题。

线性规划问题

我们把上述这类问题中 x，y 所应满足的条件叫做**线性约束条件**，要求最值的函数 z 叫做**线性目标函数**，而把在线性约束条件下寻求线性目标函数的最大（小）值的问题叫做**线性规划问题**。

不等式所表示的区域

在平面直角坐标系内，直线 l：$y=ax+b$ 将平面分成三个部分，分别是 $A=\{(x,y)\mid y>ax+b\}$，$B=\{(x,y)\mid y=ax+b\}$，$C=\{(x,y)\mid y<ax+b\}$。

① 当 $a>0$ 时，A 和 C 表示的区域如图 1-8-1（a）所示。

② 当 $a<0$ 时，A 和 C 表示的区域如图 1-8-1（b）所示。

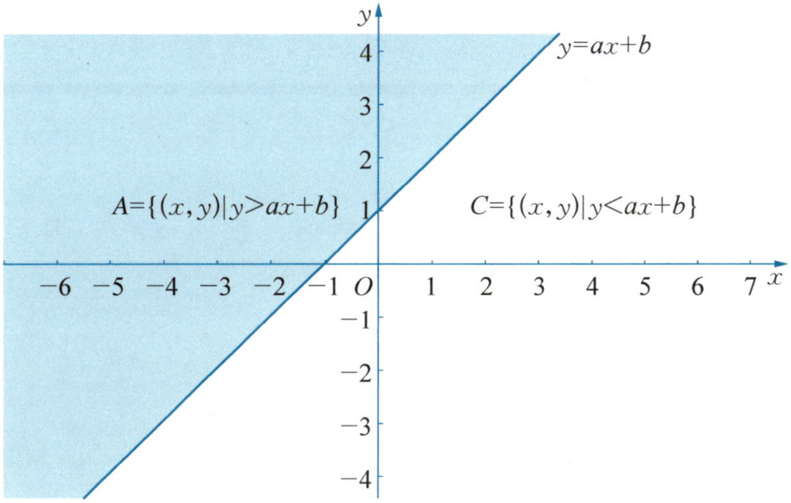

(a)

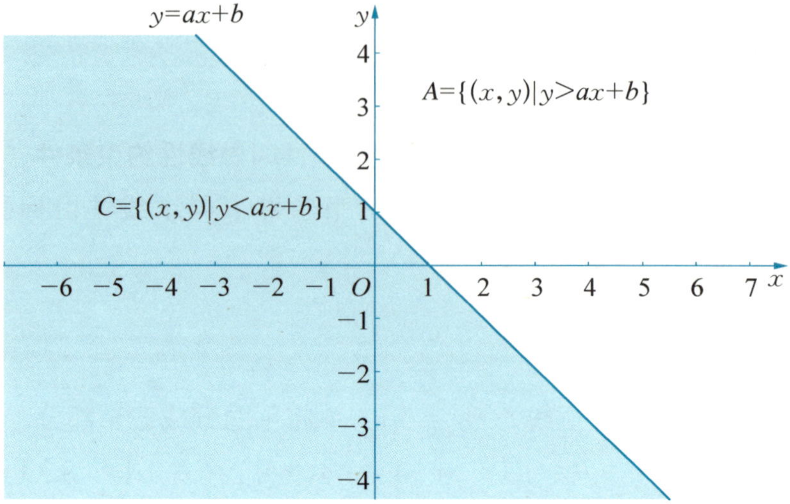

(b)

图 1-8-1

在线性规划问题中，满足线性约束条件的解（x，y）叫做**可行解**，所有可行解构成的区域叫做**可行域**，它是二元一次不等式（组）的解集所表示的一个平面区域。

解答

设承接了 x 幢办公楼、y 个居民小区，那么 x，y 满足的条件是

$$\begin{cases} x+y\leqslant 50, \\ 4x+y\leqslant 140, \\ 2x+5y\leqslant 220, \\ x\in\mathbf{N}, \\ y\in\mathbf{N}, \end{cases} \text{即} \begin{cases} y\leqslant -x+50, \\ y\leqslant -4x+140, \\ y\leqslant -\frac{2}{5}x+44, \\ x\in\mathbf{N}, \\ y\in\mathbf{N}。 \end{cases}$$

设公司的收益为 z 万元，则对于满足上述条件的 x，y，有 $z=3x+2y$，即 $y=-\frac{3}{2}x+\frac{z}{2}$。先将 $x\in\mathbf{N}$，$y\in\mathbf{N}$ 的条件放宽到 $x\geqslant 0$，$y\geqslant 0$，则可得到如图

1-8-2 所示的可行域，顶点分别为 $O(0,\ 0)$，$A(35,\ 0)$，$B(30,\ 20)$，$C(10,\ 40)$，$D(0,\ 44)$，在将直线 $y=-\frac{3}{2}x+\frac{z}{2}$ 向上平移的过程中，z 是其纵截距的 2 倍，因此直线越往上对应的 z 的值越大。计算斜率可知，z 的最大值应在直线 $y=-\frac{3}{2}x+\frac{z}{2}$ 过点 $B(30,\ 20)$ 时取得，由于 30、20 均为整数，所以 z 的最大值为 130 万元。所以，按照公司现有的人力资源，承接 30 幢办公楼和 20 个居民小区可使收益最大。

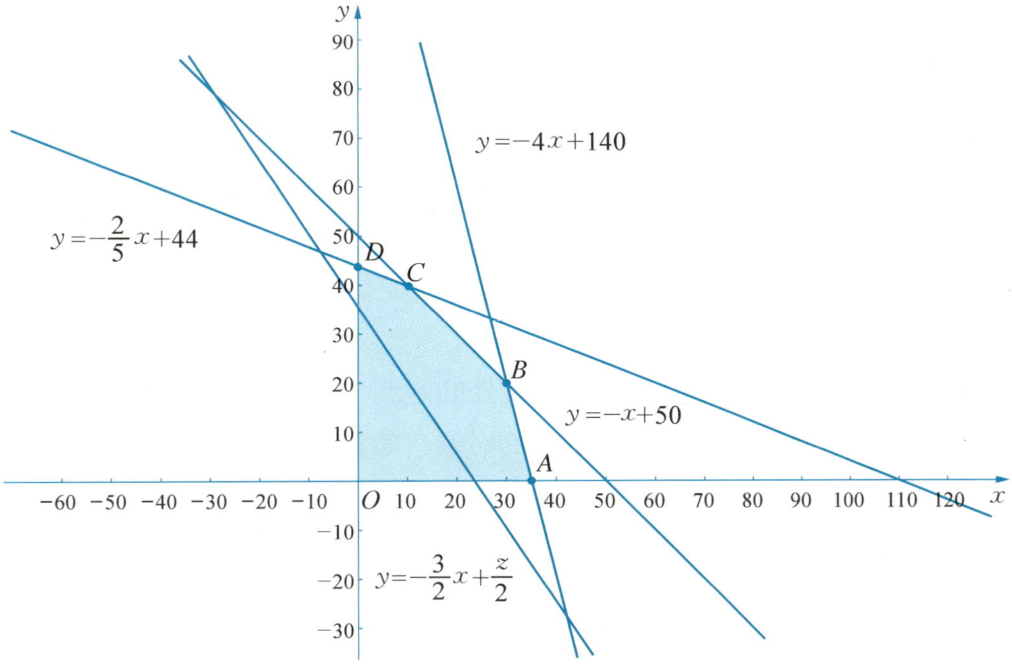

图 1-8-2

在线性规划问题中，使目标函数取得最大（小）值的可行解叫做**最优解**。事实上可以证明，若不要求 x、y 为整数，当可行域是凸多边形时，问题的最优解一定在区域边界的顶点处取得，因此我们也可以直接通过比较各顶点的目标函数的值求得最优解。

问题

09 家具能顺利通过拐角吗？

知识点：三角函数

乐乐家新买了一个长方体橱柜，它的长是 6 m，高和宽都是 1 m，橱柜下方装有滑轮。乐乐通过一条走廊将橱柜推回家，走廊的宽度是 3 m，推运过程中遇到一个直角过道（图 1-9-1），橱柜能顺利通过拐角吗？

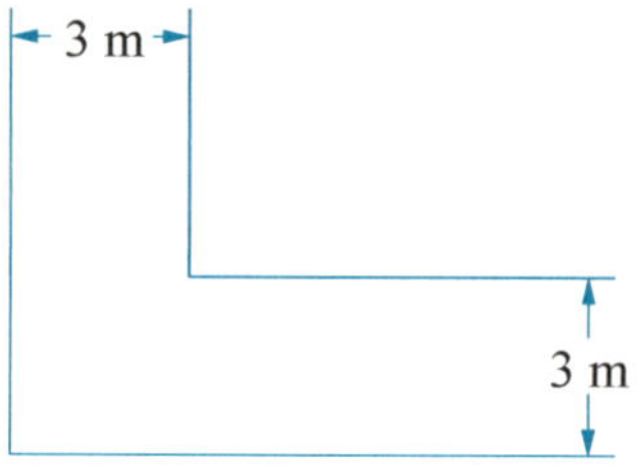

图 1-9-1

分析

在水平推运橱柜的过程中，由于拐角处的限制，橱柜的长度不能太大，不然可能会卡住。一般地，在橱柜通过拐角的时候，随着推运角度的变化，可以把通过的橱柜长度看成关于它的函数，在得到解析式以后，计算得出相应的最值，就可以确定橱柜能否顺利通过拐角。

锐角的三角比

如图 1-9-2 所示，$\sin A = \frac{a}{c}$，$\cos A = \frac{b}{c}$，$\tan A = \frac{a}{b}$。

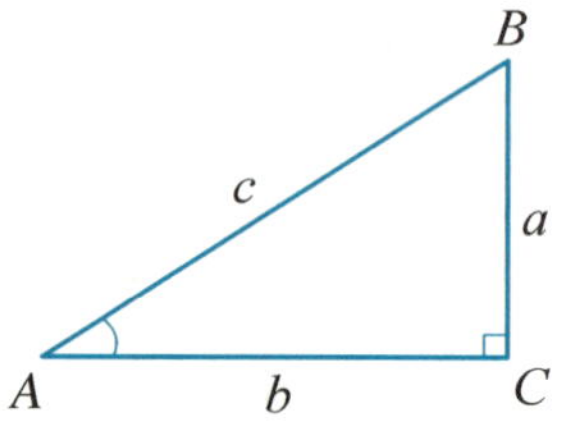

图 1-9-2

三角函数

正弦函数 $y = \sin x$，$x \in \mathbf{R}$，值域为 $[-1, 1]$；

余弦函数 $y = \cos x$，$x \in \mathbf{R}$，值域为 $[-1, 1]$；

正切函数 $y=\tan x$，$x\in\mathbf{R}$ 且 $x\neq\frac{\pi}{2}+k\pi$，$k\in\mathbf{Z}$，值域为 $(-\infty,+\infty)$。

解答

如图 1-9-3 所示，延长 DC，与 OB 交于点 P。延长 CD，与 OA 交于点 Q。设 $\angle ABO=\theta\in\left[0,\frac{\pi}{2}\right]$。

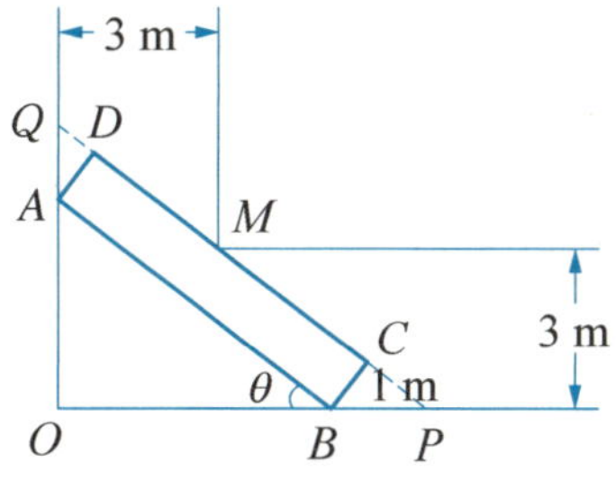

图 1-9-3

在 $\triangle CBP$ 中，$\angle CPB=\theta$，$BC=1$ m，得 $CP=\cot\theta$ m，同理 $DQ=\tan\theta$ m，而 $PQ=PM+MQ=\left(\frac{3}{\sin\theta}+\frac{3}{\cos\theta}\right)$ m，所以 $CD=PQ-CP-DQ=\left(\frac{3}{\sin\theta}+\frac{3}{\cos\theta}-\tan\theta-\cot\theta\right)$ m，化简得 $CD=f(\theta)=\frac{3(\sin\theta+\cos\theta)-1}{\sin\theta\cos\theta}$ m，$\theta\in\left[0,\frac{\pi}{2}\right]$。

设 $t=\sin\theta+\cos\theta=\sqrt{2}\sin\left(\theta+\frac{\pi}{4}\right)\in(1,\sqrt{2}]$，则 $CD=f(\theta)=\frac{3t-1}{\frac{t^2-1}{2}}=\left(\frac{4}{t+1}+\frac{2}{t-1}\right)$ m。当 $t\in(1,\sqrt{2}]$ 时，这个函数严格单调递减，故当 $t=\sqrt{2}$，即 $\theta=\frac{\pi}{4}$ 时，CD 取得最小值 $6\sqrt{2}-2\approx6.48$ (m)。因此只要橱柜的长度不超过 6.48 m，就可以通过拐角。乐乐家新买的橱柜长度为 6 m，所以能顺利通过拐角。

通过上述解答过程可知，橱柜能否顺利通过拐角，和橱柜的形状以及走廊的宽度有关。

问题

10 乘摩天轮升高一定高度需要多久？

知识点：三角函数

一天，乐乐和欢欢相约来到乐园玩摩天轮项目（图 1–10–1）。摩天轮大转盘的直径为 98 m，整个摩天轮的高度为 108 m，转一圈的时间是 25 min。紧靠乐园的是交通繁忙的高架路，高架高度大约为 20 m。他们坐着摩天轮游玩，多久后座舱的高度可以超过高架路，从而看到更远的城市风景？

图 1–10–1

分析

根据题目中的数据，可知摩天轮的最高点距离地面的高度为 108 m，最低点距离地面 108 − 98 = 10（m）。摩天轮开启后匀速转动，乐乐在座舱离地面最近时的位置进入座舱，从他进入座舱开始计时。

摩天轮旋转时，座舱的高度会随时间的变化而变化。画图并列出乐乐距离地面的高度 y（m）与经过的时间 x（min）的关系，当 y 取 20 时，即可求出对应的时间。

解答

如图 1-10-2 所示，以摩天轮与地面的交线为 x 轴，过摩天轮中心且垂直于地面的直线为 y 轴，建立平面直角坐标系。设从最低点开始，经过 x min 后，乐乐所在座舱的位置 Q 距离地面的高度为 y m。

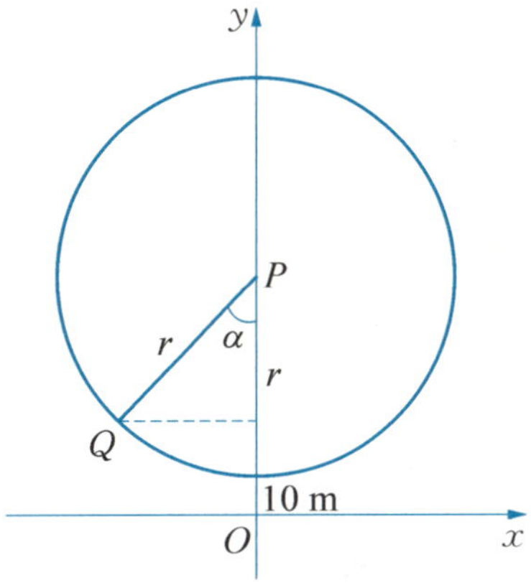

图 1-10-2

摩天轮的半径 $r=\dfrac{98}{2}=49$（m）。

经过 x min，摩天轮转动的角度为 $\alpha=\dfrac{2\pi x}{25}$，

此时乐乐所在座舱的高度 $y=108-49-49\cos\alpha=59-49\cos\alpha$。

当 $y=20$ 时，因为 $20<59$，所以 $0<\alpha<\dfrac{\pi}{2}$，所以 $\alpha=\arccos\dfrac{39}{49}$，由此可得 $x=\dfrac{25}{2\pi}\arccos\dfrac{39}{49}\approx 2.6$。

因此，大约经过 2.6 min 后，乐乐所在的座舱高度将超过高架路，那时候就可以看到更远的城市风景了。

第 1 章 函数
第 2 章 几何与代数
第 3 章 概率与统计

问题 11

直角弯管零件的截口曲线是什么样的?

知识点：三角函数

乐乐家最近正在装修，厨房里换下来一个直角弯管零件，乐乐对这个零件的形状很感兴趣。如图1-11-1所示，它是由两个截面角度为45°的空心的斜截圆柱拼接而成的。乐乐很好奇，若将拼接之前的每个斜截圆柱沿着高的方向剪开，并展开在平面上，得到的截口曲线会是什么样的呢?

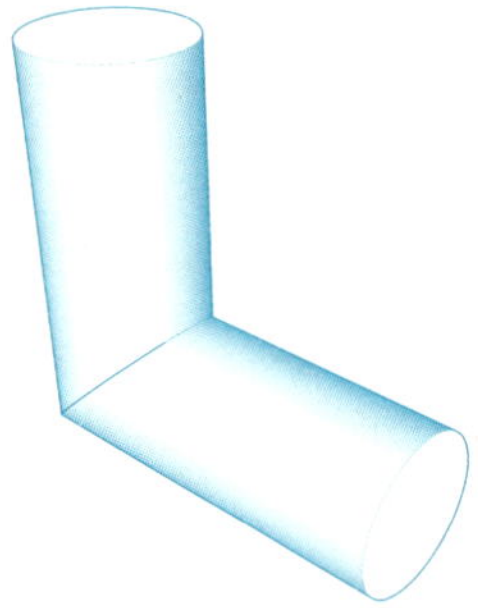

图1-11-1

分析

为了探讨截口曲线的形状，先制作底面半径 r 分别为 3.3 cm、2 cm，对应的斜截面与底面所成角均为 45°的两个斜截圆柱，再沿母线将其分别展开成平面图。将截口曲线描到白纸上，直观上发现其形状和三角函数曲线类似。于是建立恰当的坐标系，将截口曲线放入坐标系中，选取一些点测量其坐标，并利用 TI 图形计算器进行函数拟合，得到相对应的解析式。不妨设曲线解析式近似如下。

① $r=3.3$ cm	拟合曲线：$y=3.26\cos(0.31x)$
② $r=2$ cm	拟合曲线：$y=1.9\cos(0.54x)$

也就是说，可以猜测截口曲线的解析式都近似于 $y=A\cos(\omega x)$，其中 A、ω 随着 r 的变化而变化。

扇形的弧长公式

圆心角为 $n°$、半径为 r 的扇形的弧长为 $l=\frac{n}{180}\cdot\pi r$；在弧度制下，圆心角为 α rad、半径为 r 的扇形的弧长为 $l=\alpha\cdot r$，这里的 α 与 n 满足 $\alpha=\frac{n\cdot\pi}{180}$。

解答

要验证分析中提出的猜测，就需要找到 r、x、y 之间的关系。如图 1-11-2 所示，设 $N(x, y)$ 是展开曲线上的任意一点，卷回斜截圆柱后，可以发现其中 x 为 $\overset{\frown}{EM}$ 的长度，y 为线段 NM 的长度，r 是斜截圆柱中的量。

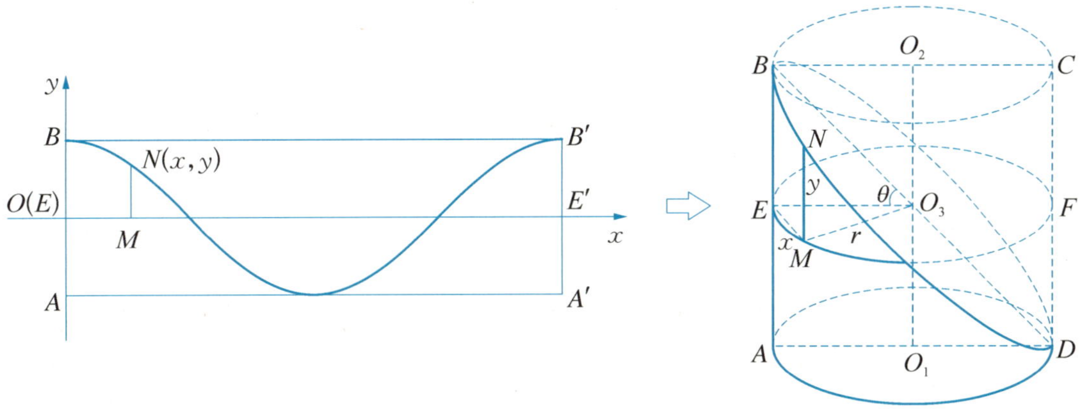

图 1-11-2

如图 1-11-3 所示，根据扇形的弧长公式，如果设 $\angle EO_3M=\alpha$，则 $x=\alpha\cdot r$。

过点 M 作 EO_3 的垂线，交 EO_3 于点 P。

则在 $\mathrm{Rt}\triangle MPO_3$ 中，$PO_3=r\cdot\cos\alpha$，$PM=r\cdot\sin\alpha$。

过点 P 作 MN 的平行线交 BD 于点 Q，连接 NQ，在矩形 $MNQP$ 中，$MN=PQ=y$。

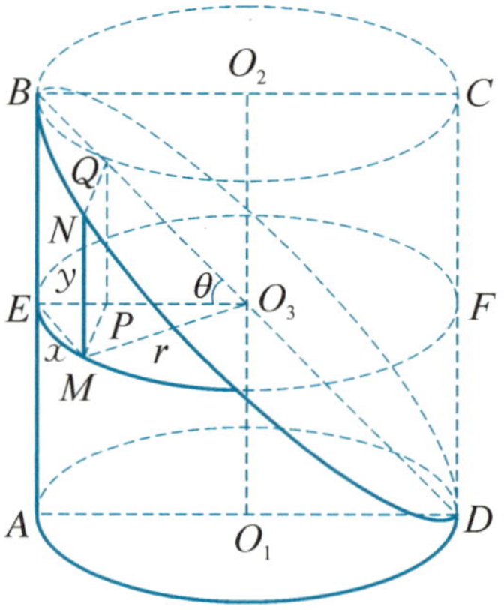

图 1-11-3

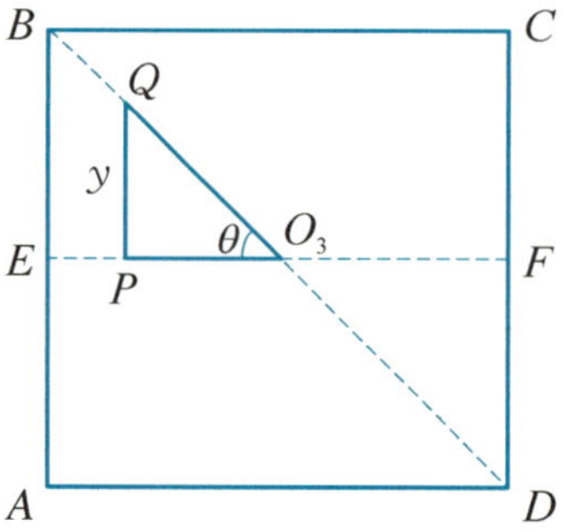

图 1-11-4

如图 1-11-4 所示，在 Rt△PQO_3 中，

$y = PO_3 \cdot \tan 45° = r \cdot \cos\alpha$，代入 $\alpha = \frac{x}{r}$，得 $y = r \cdot \cos\frac{x}{r}$。

由此可知，截口曲线的解析式形如 $y = A\cos(\omega x)$，其中 $A = r$，$\omega = \frac{1}{r}$。可以看到这是一个余弦函数曲线，这与我们之前的猜测相符合。

问题

12 如何测量两岸两点间的距离？

知识点：解三角形

假期里，乐乐的朋友到上海来旅游，找到他做向导。乐乐给朋友安排的第一天的行程是逛南京路步行街、外滩。这一天，他们来到上海海关大楼，看到了黄浦江对岸的摩天大楼，其中包括上海的标志性建筑——东方明珠（图 1-12-1）。朋友好奇地问乐乐："假设现在有可以测量同一块土地上两点间的距离和两条直线的夹角的工具，那么如何测量上海海关大楼和东方明珠之间的距离？"

图 1-12-1

分析

只需要按下列方法即可求出上海海关大楼和东方明珠之间的距离。如图 1-12-2 所示，将上海海关大楼、东方明珠看作两点 A、B，在上海海关大楼的附近找到一点 C，测出点 C 和点 A 之间的距离，并测出 $\angle BAC$、$\angle BCA$，借助正弦定理就可以计算出点 A、B 之间的距离。

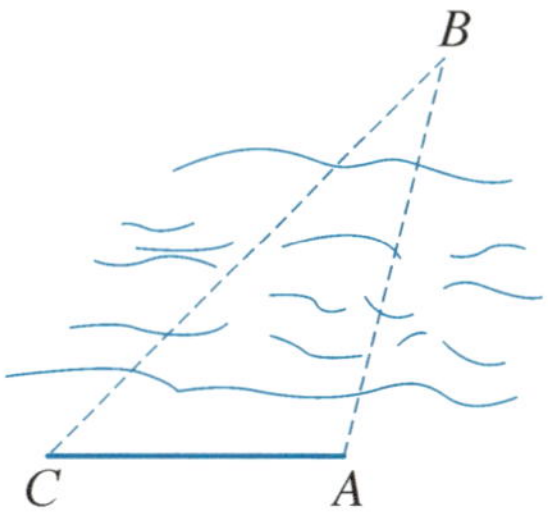

图 1-12-2

正弦定理

在 $\triangle ABC$ 中，若角 A，B，C 所对边的边长分别为 a，

b， c，则有 $\dfrac{a}{\sin A}=\dfrac{b}{\sin B}=\dfrac{c}{\sin C}$。

解答

我们不妨把实际问题抽象为平面中的三角问题。如图 1-12-2 所示，在 $\triangle ABC$ 中，记 $AC=b$， $\angle BAC=\alpha$， $\angle BCA=\beta$，则由正弦定理可得 $\dfrac{b}{\sin(\pi-\alpha-\beta)}=\dfrac{AB}{\sin\beta}$，所以 $AB=\dfrac{b\sin\beta}{\sin(\alpha+\beta)}$。

由此可得河两岸 A、 B 两点间的距离，即上海海关大楼和东方明珠之间的距离。

问题

13 公交车站的挡雨棚为什么设计成圆弧状？

知识点：解三角形

假期里乐乐和爸爸外出游玩。在公交站台躲雨等车的时候，乐乐观察到站台有一个挡雨棚，他发现挡雨棚并非是一个平面，而是有一定弧度的隆起，更接近于圆柱面（图 1-13-1）。在乘公交车回家的时候，他又观察了每一个车站的站台，发现站台的挡雨棚大多是圆弧状，偶尔也有平顶的挡雨棚。他好奇地想："为什么大部分车站的挡雨棚的顶是圆弧状的？ 这样设计有什么好处吗？"你能做出合理的假设并回答乐乐的问题吗？

图 1-13-1

分析

我们可以从材料耗费的角度来思考这两种形状之间的差距。为了简化问题，先做如下假设。

如图 1-13-2 所示，假设挡雨棚是一个柱体，$\triangle CBO$ 与 $\triangle C_1B_1O_1$ 全等且所在平面平行，支架 AA_1、BB_1、CC_1 垂直于平面 ABC，$\angle ACB=\frac{\pi}{3}$，$OA=1.5\ \text{m}$，$AC=0.3\ \text{m}$，$AA_1=2\ \text{m}$。

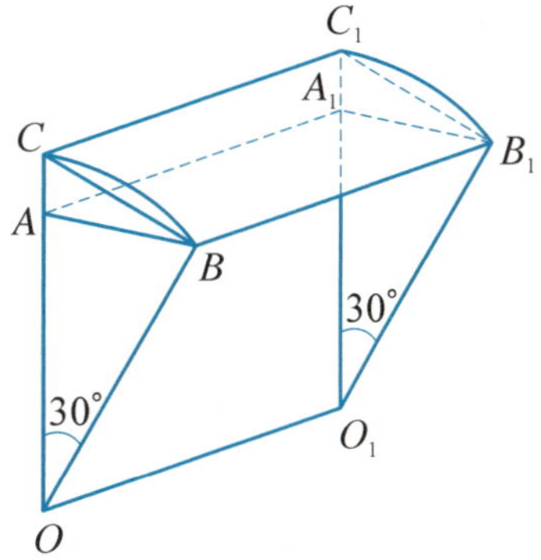

图 1-13-2

假设雨滴下落方向与背景广告板（所在平面）所成角 $\angle AOB$ 为 $\frac{\pi}{6}$，$\overset{\frown}{BC}$为以点 O 为圆心、OC 为半径的

圆弧。

此时问题可转化为求曲面 BB_1C_1C 的面积（$\overset{\frown}{BC} \cdot BB_1$）及矩形 BB_1C_1C 的面积。

解答

下面在上述假设的基础上，分别计算一下挡雨棚为矩形和曲面时，图 1-13-2 中曲面 BB_1C_1C 和矩形 BB_1C_1C 的面积。

当挡雨棚为矩形 BB_1C_1C 时，因为 $AC = 0.3\ \text{m}$，$OA = 1.5\ \text{m}$，所以 $OC = OA + AC = 1.8\ \text{m}$。因为 $\angle OCB = \frac{\pi}{3}$，$\angle COB = \frac{\pi}{6}$，所以 $\angle OBC = \frac{\pi}{2}$。在 $\text{Rt}\triangle OCB$ 中，$BC = OC \cdot \cos\frac{\pi}{3} = 0.9\ \text{m}$，此时 $S_{\text{矩形}BB_1C_1C} = BC \cdot BB_1 = BC \cdot AA_1 = 0.9 \times 2 = 1.8\ (\text{m}^2)$。

当挡雨棚为曲面 BB_1C_1C 时，圆弧 $\overset{\frown}{BC}$ 对应的半径为 $OC = 1.8\ \text{m}$，圆心角 $\angle AOB = \frac{\pi}{6}$，所以圆弧 $\overset{\frown}{BC}$ 的长 $l = \alpha r = \frac{\pi}{6} \times 1.8 = \frac{3\pi}{10}\ (\text{m})$。

此时 $S_{\text{曲面}BB_1C_1C} = l \cdot BB_1 = l \cdot AA_1 = 2 \times \frac{3\pi}{10} \approx 1.88\ (\text{m}^2)$。

由此可见，挡雨棚设计成圆弧状与设计成矩形，材料耗费相差不大，但是圆弧状能够更有效地分流雨水，使雨水顺着弧度流走，从而起到更好的挡雨效果。此外，圆弧状在视觉上也更具有美感，能够增加建筑的整体美观性。

通过研究，乐乐还发现圆弧结构能够均匀分散外力，提高结构的承载能力。这种设计能在基本不增加材料耗费的情况下更好地抵御风雨，保证挡雨棚的安全性和稳定性，因此在实际应用中得到了广泛采用。

问题

14 如何倒出恰好一半的药水？

知识点：解三角形

最近的气温变化就像过山车一样，过敏性体质的小朋友特别容易生病。这不，小理有点过敏性咳嗽了。医生建议做雾化，见效快，副作用较小。但当小理爸爸拿到雾化药水时，他遇到了一个难题，其中有一种药水装在如图 1-14-1 所示的一个扁扁的容器里，药水占了容器的一半容积。医生叮嘱每次使用半支药水的量，那么如何判断倒出的药水正好是一半的用量？（装药的部分近似看成一个圆柱）

图 1-14-1

分析

药水的用量是总量的一半，可以理解为药水的体积为总体积的一半。由于题目中将这个装药水的容器看成一个圆柱，因此可以将体积一半的问题转化为面积一半的问题。

由于地球引力的作用，不管容器怎么放置，液体的表面始终都会保持水平状态（严格来说是凹液面，这里不考虑），所以要倒出一半的液体，只需考虑倒出一部分液体后所得的弓形的面积为原面积的一半，如图 1-14-2 所示。

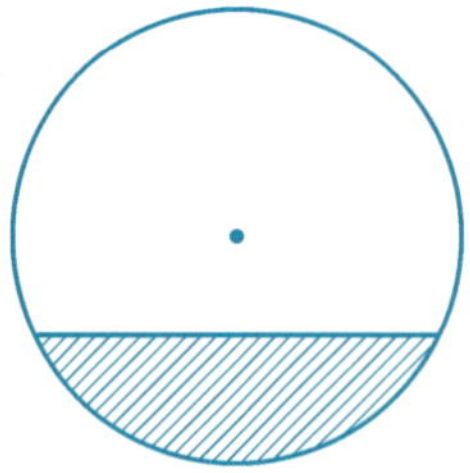

图 1-14-2

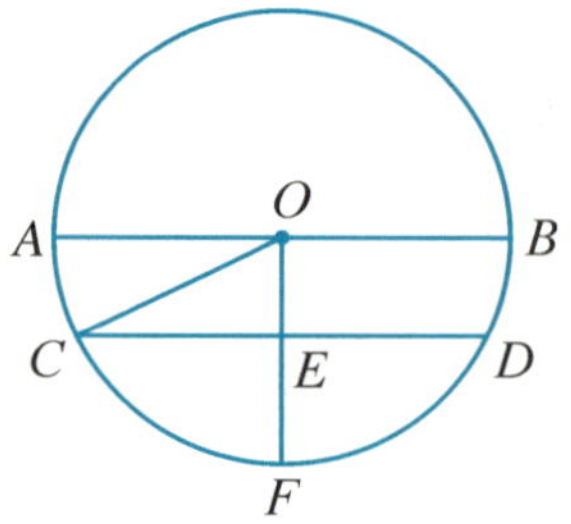

图 1-14-3

如图 1-14-3 所示，假设 CD 为倒出之后的药水液面。根据圆的对称性，上述问题可转化成扇形 COA 和直角三角形 COE 的面积之和为 $\frac{1}{4}\times$ 圆面积的一半，即 $\frac{1}{8}$ 圆面积。为此，我们还需要用到扇形的面积公式。

扇形的面积公式

$S=\frac{1}{2}\alpha r^2$（圆心角为 α，半径为 r 的扇形）

解答

如图 1-14-3 所示，设圆的半径为 r，$\angle AOC=\alpha$，$0<\alpha<\frac{\pi}{4}$，则扇形 COA 的面积 $S_1=\frac{1}{2}\alpha r^2$，直角三角形 COE 的面积 $S_2=\frac{1}{2}CE\cdot OE=\frac{1}{2}\cdot r\cos\alpha\cdot r\sin\alpha=\frac{1}{4}r^2\sin 2\alpha$，所以 $S_1+S_2=\frac{1}{2}\alpha r^2+\frac{1}{4}r^2\sin 2\alpha=\frac{1}{8}\pi r^2$，所以 $4\alpha+2\sin 2\alpha=\pi$，$0<\alpha<\frac{\pi}{4}$。

因为 $y=4\alpha$、$y=2\sin 2\alpha$ 在 $\left(0,\ \frac{\pi}{4}\right)$ 上严格单调递增，所以 $f(\alpha)=4\alpha+2\sin 2\alpha$ 在 $\left(0,\ \frac{\pi}{4}\right)$ 上严格单调递增。又因为 $f(0)=0<\pi$，$f\left(\frac{\pi}{4}\right)=\pi+2>\pi$，所以 $4\alpha+2\sin 2\alpha=\pi$ 在 $\alpha\in\left(0,\frac{\pi}{4}\right)$ 上有唯一解。利用 Wolfram Alpha 软件可以解得 $\alpha\approx 0.42$，所以 $\frac{OE}{OF}=\frac{r\sin\alpha}{r}=\sin\alpha\approx 0.4$。

综上所述，在容器竖直放置的情况下，倒出原有药水高度的 $\frac{2}{5}$，则倒出了一半的药水。当然，由于我们是近似地看成圆柱，而实际上装药的部分中间宽、两头窄，因此实际倒出的药水高度应该比 $\frac{2}{5}$ 略低。

问题

15 汽车进入隧道口时会超速吗？

知识点：导数

暑假里，乐乐一家自驾旅游，途中乐乐看到一个路牌，显示他们距离一个隧道口还有 200 m，并且车辆进入隧道时车速不能超过 80 km/h。此时汽车的速度是 100 km/h，乐乐爸爸决定立即把速度均匀地减小到规定值，并使汽车沿直线行驶。已知爸爸从开始刹车到驶入隧道口（图 1-15-1）的时间是 10 s，那么汽车进入隧道口时是否超速了？

图 1-15-1

分析

当物体做匀速运动时，运动的速度 v 等于路程 s 除以时间 t，即 $v=\frac{s}{t}$。但是，如果一个物体做变速运动，那么上面的公式所给出的只能是时间段 t 内的平均速度 v。由于汽车驶入隧道口时的速度是瞬时速度，而不是平均速度，因此不能简单地用路程除以时间来求。

物体的瞬时速度是指运动物体在临近指定时刻的某个时间段内的平均速度在时间段长度越来越小的变化过程中所趋近的一个稳定值。由此，我们可以借助导数来解决这个问题。

导数

一般地，已知一个函数 $y=f(x)$，对于自变量的某个给定值 x_0，赋予 x_0 一个变化量 h，分析当 h 趋近于 0 时，函数值的变化量 $f(x_0+h)-f(x_0)$ 相对于自变量变化量 h 的比值 $\dfrac{f(x_0+h)-f(x_0)}{h}$ 是否趋近于某个稳定值。如果这个稳定值存在，就说明 $\dfrac{f(x_0+h)-f(x_0)}{h}$ 在 h 趋近于 0 时有极限，并把这个极限记作 $\lim\limits_{h\to 0}\dfrac{f(x_0+h)-f(x_0)}{h}$，称为函数 $f(x)$ 在 $x=x_0$ 处的**导数**，记作 $f'(x_0)$。

导函数

根据导数的定义，给定函数 $y=f(x)$，在导数存在的前提下，对于不同的 x_0，总有一个确定的导数值 $f'(x_0)$ 与之对应。因此，如果用 x 表示自变量，那么 $y'=f'(x)$ 也是一个关于 x 的函数，称为函数 $y=f(x)$ 的**导函数**（在不引起混淆时也简称导数），即 $f'(x)=\lim\limits_{h\to 0}\dfrac{f(x+h)-f(x)}{h}$。

求导公式

（1）对于幂函数 $f(x)=x^{\alpha}$（$\alpha\in\mathbf{R}$），有 $(x^{\alpha})'=\alpha x^{\alpha-1}$；（2）对于函数 $y=f(x)$ 与任何常数 C，都有 $(Cf(x))'=Cf'(x)$。

解答

根据题意，设汽车的初速度为 v_0 m/s，加速度为 a m/s^2，根据中学物理中做初速度为 v_0 的匀减速直线运动的物体的位移 s 与时间 t 的关系可知 $s(t)=v_0t+$

$\frac{1}{2}at^2$。

因为汽车在刹车时的速度是 100 km/h，即 $\frac{250}{9}$ m/s，运动 200 m 一共用时 10 s，因此 $200 = \frac{250}{9} \times 10 + \frac{1}{2} \times a \times 10^2$，由此解得 $a = -\frac{14}{9}$。

通过在函数 $s(t)$ 中对 t 求导可得汽车进入隧道口的瞬时速度 v 与时间 t 的关系，即 $v = s'(t) = \left(v_0 t + \frac{1}{2}at^2\right)' = v_0 + at = \frac{250}{9} - \frac{14}{9} \times 10 = \frac{110}{9}$ (m/s) ≈ 44 (km/h)，即汽车驶入隧道口时的速度约为 44 km/h，因此汽车没有超速。

通过对汽车驶入隧道口的瞬时速度的计算，不难发现，位移关于时间的导数的物理意义就是物体运动的瞬时速度，那么导数是否还有数学上的几何意义呢？试着探究一下吧！

问题

16

放映厅能容纳全年级的学生吗？

知识点：等差数列

暑假里，学校组织学生返校一起去看电影，电影院只剩下一个放映厅（图 1-16-1）。该放映厅的座位从第一排到最后一排，每排依次增加 2 个。乐乐数了下，第一排共有 14 个座位，最后一排共有 28 个座位。王老师打算考一考乐乐：这个放映厅是否可以容纳全年级 160 名学生？

图 1-16-1

分析

数列

按一定规则排成一列的数叫做**数列**。构成数列的每个数称为数列中的**项**，数列的第一项称为**首项**。

等差数列

如果一个数列从第 2 项起，每一项与其前一项的差都等于同一个常数，那么这个数列就称为**等差数列**，这个常数叫做它的**公差**，公差通常用字母 d 表示。

由题意可知，放映厅每一排的座位数符合等差数列，座位总数即这个等差数列的和。如果知道首项、末项以及项数，利用倒序相加的方法就可以求出等差数列的和。本题中首项和末项是已知的，项数是未知的，于是我们可以先通过首项、末项以及公差求出等差数列的项数。

一般来说，等差数列的第 n 项 $a_n = a_1 + (n-1)d$，前 n 项和 $S_n = \frac{(a_1+a_n)n}{2}$，将这两个式子联立，可得等差数列前 n 项和的另一个公式 $S_n = na_1 + \frac{n(n-1)d}{2}$。

解答

设该放映厅一共有 n 排座位，由题意，可知从第一排到最后一排的座位数构成一个等差数列 $\{a_n\}$，则可以得到首项 $a_1 = 14$，公差 $d = 2$，$a_n = 28$，由 $a_n = 14 + 2(n-1)$ 可得 $n = 8$，所以座位总数为 $S_8 = \frac{(14+28)\times 8}{2} = 168$（个）。

因为 168>160，所以这个放映厅可以容纳全年级 160 名学生。

问题

17 汽车开多少年以后报废最划算？

知识点：等差数列

乐乐的爸爸买了一辆新车（图 1-17-1），购车费用是 15 万元，每年需花费的保险费、燃油费共计 2 万元，汽车的保养维修费如下：第一年 0.2 万元，第二年 0.4 万元，第三年 0.6 万元……并按照此规律逐年递增，请问：乐乐爸爸的新车开多少年以后报废最划算（每年的平均费用最小）？

图 1-17-1

分析

日常生活中一辆汽车的费用支出，主要由以下几部分构成：保险费、燃油费和保养维修费。由题意可知，前两项相对固定，保养维修费随着汽车年限逐渐增加而不断递增，构成了一个等差数列。要研究汽车开多少年以后报废最划算，即计算使用该车的年平均费用的最小值，可以用行驶 n 年产生的总费用 S_n 除以 n 求得。

根据题意，新车第一年的保养维修费为 0.2 万元，第二年为 0.4 万元……依此类推，每年的保养维修费构成了一个首项为 0.2 万元、公差为 0.2 万元的等差数列。

例如，如果该车使用了 10 年，则第 10 年的保养维修费为 $0.2+0.2\times(10-1)=2$（万元），利用等差数列的前 n 项和公式，可知 10 年累计的保养维修费为

$S_{10} = \dfrac{(0.2+2)\times 10}{2} = 11$（万元）。所以这 10 年的年平均费用为（$15 + 2\times 10 + 11$）÷ $10 = 4.6$（万元）。

解答

设汽车开 n 年以后报废，则合计费用包括购买费用 15 万元、保险费和燃油费 $2n$ 万元、保养维修费（$0.2 + 0.4 + \cdots + 0.2n$）万元，即

$$S_n = 15 + 2n + (0.2 + 0.4 + \cdots + 0.2n) = \frac{1}{10}n^2 + \frac{21}{10}n + 15,\quad n \in \mathbf{N}^*。$$

设这辆汽车的年平均费用为 $f(n)$ 万元，则 $f(n) = \dfrac{S_n}{n} = \dfrac{n}{10} + \dfrac{15}{n} + \dfrac{21}{10} \geqslant 2\sqrt{\dfrac{3}{2}} + \dfrac{21}{10} = \dfrac{21+10\sqrt{6}}{10}$，当且仅当 $\dfrac{n}{10} = \dfrac{15}{n}$ 时取等号。

由于 $n \in \mathbf{N}^*$，则验证 $n = \sqrt{150} = 5\sqrt{6} \approx 12.25$ 附近的正整数值即可。

$f(12) = \dfrac{S_{12}}{12} = 4.55$，$f(13) = \dfrac{S_{13}}{13} \approx 4.554$，$4.55 < 4.554$。

综上所述，乐乐爸爸的新车开 12 年以后报废最划算。当然在实际生活中，由于每年的保险费、燃油费和车辆的保养维修费都是动态变化的，另外还要考虑到家庭的实际需求变化、行驶车辆的安全性等因素，新的购车计划可能有所区别。

问题

18 购车贷款按照年费率计算更划算吗？

知识点：等比数列

乐乐爸爸准备购置一台新车，银行推荐近期的一项汽车贷款产品（图1-18-1）：贷款16万元，一共贷3年，年费率（每年所需支付的费用占初始固定本金的比例）为3.5%，每个月的月底以固定额度还款。乐乐爸爸想知道，这个年费率的计算方式和银行存款的年利率一样吗？在同样的数值下，汽车贷款按照年费率计算更划算吗？

图1-18-1

分析

根据问题中给出的年费率概念，每月需还款金额为

$$\frac{160\,000+160\,000\times3.5\%\times3}{36}\approx4\,911\text{（元）}$$

这里银行告知的是年费率3.5%，并不等同于银行存款时的年利率，年费率是每年所需支付的费用占初始固定本金的比例，然而按年利率计算时每年所支付的费用会随所剩本金的变化而变化。

实际上在完成一期还款后，剩余的本金就不是16万元了，而是逐步减少了，但是利息还是按16万元算，也就是说本金越还越少，利息却一直按照原始本金算。同学们不妨算一下，等额本息对应的实际年利率是多少。

等额本息

一种贷款的还款方式，是指在还款期内，每月偿还同等数额的贷款（包括本金和利息）。

等额本息的计算公式

设 S_N 为连本带息的还款总额，A 为贷款本金，p 为月利率，N 为贷款总年数，则 $S_N = A \times (1+p)^{12N}$。

等比数列

如果一个数列从第 2 项起，每一项与其前一项的比都等于同一个非零常数，这个数列就叫做**等比数列**，而这个常数叫做等比数列的**公比**，公比通常用小写字母 q（$q \neq 0$）表示。

等比数列的前 n 项和公式

首项为 a_1，公比为 q，项数为 n，等比数列的前 n 项和为 S_n，则有

$$S_n = \begin{cases} na_1, & q = 1, \\ \dfrac{a_1(1-q^n)}{1-q}, & q \neq 1。\end{cases}$$

根据分期付款还款规则，考虑每个月还款 a 元后分别所欠银行的贷款：

第 1 个月还款 a 元后，所欠贷款为 $A(1+p)-a$；

第 2 个月还款 a 元后，所欠贷款为 $[A(1+p)-a](1+p)-a = A(1+p)^2 - a(1+p) - a$；

…………

第 n 个月还款 a 元后，所欠贷款为 $A(1+p)^n-a(1+p)^{n-1}-a(1+p)^{n-2}-\cdots-a$。

设还款总期数为 $12N$，即第 $12N$ 个月还款后，所欠银行贷款应为 0 元，故有 $A(1+p)^{12N}-a(1+p)^{12N-1}-a(1+p)^{12N-2}-\cdots-a=0$。

结合等比数列的前 n 项和公式得 $A(1+p)^{12N}=\dfrac{a\cdot[(1+p)^{12N}-1]}{p}$，则每月还款额为 $a=\dfrac{A\times p\times(1+p)^{12N}}{(1+p)^{12N}-1}$。可以对比一下，同样每月还款 4 911 元，对应的年利率是多少呢？

解答

根据上述分析，设等额本息对应的年利率为 x，则月利率是 $\dfrac{x}{12}$，如果月还款额为 4 911 元，那么有 $4\,911=\dfrac{160\,000\times\dfrac{x}{12}\times\left(1+\dfrac{x}{12}\right)^{36}}{\left(1+\dfrac{x}{12}\right)^{36}-1}$。

可借助计算器求解这个方程，得到 $x\in(6.5\%,\ 6.6\%)$，远远高于商家给出的年费率 3.5%。所以，在贷款购物的时候，要了解一下具体的贷款计算方式，避免承受不必要的还款利息。这里两种不同的利率，经济学里也称为**名义利率**和**实际利率**，感兴趣的同学可以翻阅欧文·费雪（Irving Fisher）的《利息理论》一书进一步了解。

问题

19 如何选择房贷还款方式？

知识点：等比数列

乐乐的叔叔计划在新的一年买房，付完首付后，估计还需要向银行申请商业贷款 100 万元，贷款期限为 30 年，年利率为 4.5%，银行贷款专员提供了等额本息和等额本金两种贷款方式（图 1-19-1）。试计算这两种不同的贷款方式下，每月的还款额分别是多少？ 总还款额分别是多少？他该如何选择？

图 1-19-1

分析

前面我们已经了解了等额本息，下面介绍一下什么是等额本金。

等额本金

一种贷款的还款方式，是指在还款期内把贷款总额等分，每月偿还同等数额的本金和剩余贷款在该月所产生的利息。由于每月的还款本金固定，而利息越来越少，随着时间的推移每月还款数也越来越少。

等额本金的计算公式

每月本金 = 贷款本金 ÷ 贷款总月数；每月利息 =（贷款本金 − 累计已还本金）×

月利率。

设 a_n 为第 n 个月的还款额，A 为贷款本金，p 为月利率（年利率除以12），N 为贷款总年数，由上面的公式可知

$$a_n=\frac{A}{12N}+\left\{A-\left[\frac{A}{12N}\times(n-1)\right]\right\}\times p\quad(n\in\mathbf{N}^*\text{ 且 }n\leqslant 12N)$$

解答

由题意可知，贷款金额为100万元，贷30年，年利率为4.5%。

（1）利用等额本金的计算公式可得，第 n 个月的还款金额为

$$a_n=\frac{1\,000\,000}{360}+\left\{1\,000\,000-\left[\frac{1\,000\,000}{360}\times(n-1)\right]\right\}\times\frac{4.5\%}{12}$$

$$\approx(6\,538.20-10.42n)\text{ 元}$$

令 $n=1$，可得 $a_1\approx 6\,527.78$ 元。

即 $\{a_n\}$ 近似为以6 527.78为首项，-10.42 为公差的等差数列。

利用等差数列求和公式 $S_n=na_1+\frac{n(n-1)}{2}d$（其中 n 为总项数，a_1 为首项，d 为公差），可得30年（360个月）的总还款额为

$$S_{360}=360\times 6\,527.78+\frac{360\times(360-1)}{2}\times(-10.42)=1\,676\,660.4\text{（元）}$$

（2）利用等额本息的计算公式 $a=\frac{A\times p\times(1+p)^{12N}}{(1+p)^{12N}-1}$ 可得

$$\text{每月还款额 } a=\frac{1\,000\,000\times\frac{4.5\%}{12}\times\left(1+\frac{4.5\%}{12}\right)^{360}}{\left(1+\frac{4.5\%}{12}\right)^{360}-1}\approx 5\,066.85\text{（元）}$$

所以 30 年的总还款额为 $S_{360}=360a\approx 360\times 5\,066.85=1\,824\,066$（元）。

综上所述，从这两组数值来看，利用等额本金的方式还款，前期还款压力较大，随着还款期数增多，月还款额在逐渐减少（图 1-19-2），还款压力也随之越来越小，并且总还款额一般较等额本息来说要少；而利用等额本息的方式还款，每月还款额是固定的，前期比等额本金的月供少，后期比等额本金的月供多，总还款额一般要多一些，所以乐乐的叔叔可以结合家庭的经济情况来选择贷款方式。

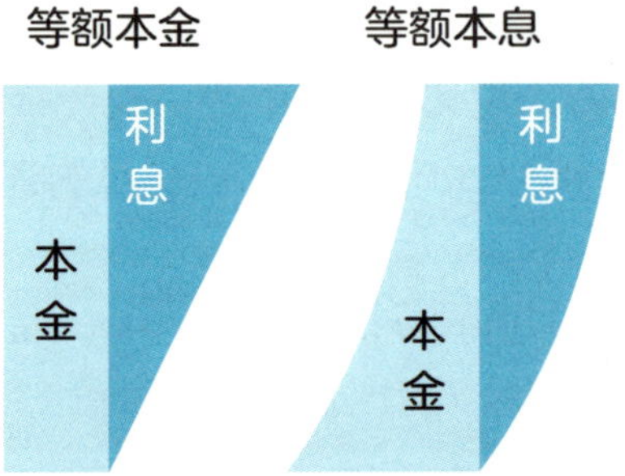

图 1-19-2　等额本金与等额本息示意图

问题

20 走 10 级台阶有多少种方法？

知识点：递推公式

嘉嘉家住在一幢楼的高层，有一天电梯突然出现故障，他只能走楼梯回家（图 1-20-1）。若嘉嘉一次可以向上走 1 级或 2 级台阶，那么他可以用多少种方法走到第 10 级台阶？

图 1-20-1

分析

我们可以从比较简单的情况开始分析。

如果只有 1 级台阶，就只有 1 种方法，即 $a_1 = 1$；

如果只有 2 级台阶，可以一次性走 2 级，也可以每次走 1 级，一共有 1+1=2（种）方法，即 $a_2 = 1 + 1 = 2$；

如果有 3 级台阶，类似地可以知道，一共有 1+2=3（种）方法，即 $a_3 = 1 + 2 = 3$……

事实上，不难发现，如果走到第 n 级台阶有 a_n 种方法，那么走到第 $n+1$ 级台阶，可以从第 $n-1$ 级台阶跨 2 级台阶或者从第 n 级台阶跨 1 级台阶，即 $a_{n+1} = a_n + a_{n-1}$（$n \in \mathbf{N}^*$，$n \geq 2$），像这样的式子叫做**数列的递推公式**。发现了吗？以上递推关系同样出现在了著名的**斐波那契数列**中。

数列的递推公式

如果数列 $\{a_n\}$ 的任一项 a_n 可由其前一项 a_{n-1}（或前几项）通过一个公式来表示，那么这个公式就叫做这个数列的**递推公式**。

斐波那契数列

斐波那契数列是指满足下列条件的数列，即数列的第一项和第二项为 1，从第三项开始，每一项都等于前两项之和，依次为 1，1，2，3，5，8，13，21…

问题要求的是有多少种方法走到第 10 级台阶，我们既可以通过列举的方法得到结果，也可以通过待定系数法将递推关系转化为通项公式，从而得到一般结果。

解答

根据上述分析，我们需要知道斐波那契数列的通项公式，下面用待定系数法求解。

根据 $a_{n+1}=a_n+a_{n-1}$（$n\in\mathbf{N}^*$，$n\geqslant 2$），设 $a_{n+1}-sa_n=t(a_n-sa_{n-1})\Rightarrow$ $a_{n+1}=(s+t)a_n-sta_{n-1}$，由此可得 $\begin{cases}s+t=1,\\ st=-1,\end{cases}$

解得 $\begin{cases}s=\dfrac{1-\sqrt{5}}{2},\\ t=\dfrac{1+\sqrt{5}}{2},\end{cases}$ 或 $\begin{cases}s=\dfrac{1+\sqrt{5}}{2},\\ t=\dfrac{1-\sqrt{5}}{2}。\end{cases}$

又因为数列 $\{a_{n+1}-sa_n\}$ 是一个以 $a_2-sa_1=1-s$ 为首项，t 为公比的等比数列，所以 $a_{n+1}-sa_n=(1-s)t^{n-1}$，将两组 s、t 的值分别代入得

$$\begin{cases} a_{n+1}-\dfrac{1-\sqrt{5}}{2}a_n=\left(\dfrac{1+\sqrt{5}}{2}\right)^n, \\ a_{n+1}-\dfrac{1+\sqrt{5}}{2}a_n=\left(\dfrac{1-\sqrt{5}}{2}\right)^n, \end{cases} \Rightarrow a_n=\frac{\sqrt{5}}{5}\left[\left(\frac{1+\sqrt{5}}{2}\right)^n-\left(\frac{1-\sqrt{5}}{2}\right)^n\right]$$

这就是斐波那契数列的通项公式。在走楼梯问题中，走 n 级台阶的方法数对应的是斐波那契数列的（$n+1$）项。利用科学计算器可以算得，当 $n=11$ 时，$a_{11}=\dfrac{\sqrt{5}}{5}\left[\left(\dfrac{1+\sqrt{5}}{2}\right)^{11}-\left(\dfrac{1-\sqrt{5}}{2}\right)^{11}\right]=89$，可知有 89 种方法爬到第 10 级台阶。当然，由于本题数据较小，也可以用列举的方法得到。

问题 21

移动 8 层的汉诺塔需要多少步?

知识点：递推公式

这天，爸爸带回来一个汉诺塔，要和乐乐玩一个游戏。如图 1-21-1 所示，一块木板上有三根柱子，左边柱子上套着 8 个圆盘，最大的一个在底下，其余由下往上一个比一个小。爸爸问乐乐：如果按照下述游戏规则，把左边柱子上的 8 个圆盘全部移到右边的柱子上，最少需要移动几次？游戏规则：每次移动一个圆盘，大的圆盘不能放在小的上面。游戏目标：把这些圆盘从左边柱子上全部移到右边柱子上。

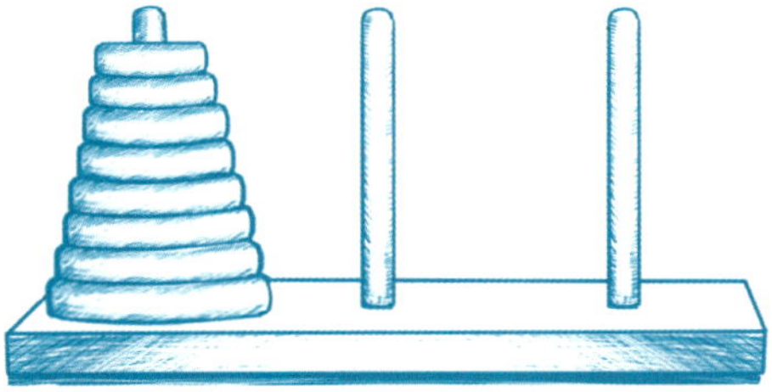

图 1-21-1

分析

我们不妨从最简单的情况开始尝试。

1 个圆盘的移动：1 个圆盘经过 1 次移动可以移到右边的柱子上，记为 $a_1 = 1$；

2 个圆盘的移动：小号圆盘移到中间的柱子上，大号圆盘移到右边的柱子上，小号圆盘再移到右边的柱子上，记为 $a_2 = 3$；

3 个圆盘的移动：小号圆盘移到右边的柱子上，中号圆盘移到中间的柱子上，小号圆盘也移到中间的柱子上，大号圆盘移到右边的柱子上，小号圆盘移到左边的柱子上，中号圆盘移到右边的柱子上，小号圆盘移到右边的柱子上，记为 $a_3 = 7$；

不难发现，如果需要移动 3 个圆盘，首先需要把上面的 2 个圆盘移到中间柱子上，然后将第 3 个圆盘移至右边的柱子上，最后再次移动中间柱子上的 2 个圆盘。一共需要 $3+1+3=7$（步）。

假设有 n 个圆盘时，经过 a_n 次才能完成目标。n 个圆盘的移动，需要先把上方 $n-1$ 个圆盘移动到中间的柱子上，需要移动 a_{n-1} 次；再把最大号的圆盘由左边的柱子移到右边的柱子上，需要 1 次；最后把中间柱子上的 $n-1$ 个圆盘移动到右边的柱子上，需要移动 a_{n-1} 次。因此有 $a_n=2a_{n-1}+1$。

解答

设移动 n 个圆盘最少需要 a_n 次，根据上述分析，可知所构成的数列符合递推关系 $a_n=2a_{n-1}+1$，进一步整理可得 $a_n+1=2(a_{n-1}+1)$，即数列 $\{a_n+1\}$ 是以 $a_1+1=2$ 为首项、$q=2$ 为公比的等比数列，由此可以得到 $a_n=2^n-1$，所以 $a_8=2^8-1=255$。

也就是说，需要移动 255 次才能把左边柱子上的所有圆盘移动到右边的柱子上。

这就是著名的汉诺塔游戏，来源于印度一个古老的传说，但传说中不是 8 个圆盘，而是 64 个圆盘。僧侣们根据规则把它们一个一个移到右边的柱子上，需要移动 $a_{64}=2^{64}-1\approx1.8\times10^{19}$（次）才能够完成任务，这是一个花尽毕生精力也不可能完成的任务。

第2章

几何与代数

问题 01

在边路的什么位置，射门角度最好？

知识点：三角函数

每学期，小宇的学校都会组织年级足球比赛。作为班级足球队的主力（图 2-1-1），小宇非常擅长沿边路带球突破。他每场比赛都希望自己能够在有限的时间内踢进更多的球为班级争光。在多次足球赛后小宇发现，在边路上，要想射入的球更多，射门位置离球门既不能太远也不能太近，每次射门的角度非常重要。小宇在赛后对学校足球场进行了简单测量，发现足球场的长为 96 m，宽为 57 m，球门宽为 7 m，那么在边路的什么位置，射门角度最好？

图 2-1-1

分析

通过查阅足球比赛相关资料可以知道，所谓射门角度好，其实就是要保证射门点对球门的张角要足够大。如图 2-1-2 所示，可以把足球场抽象为矩形，球门抽象为线段 AB，球员抽象为点 M，球员的运动轨迹和足球的运动轨迹分别抽象为一条线段。

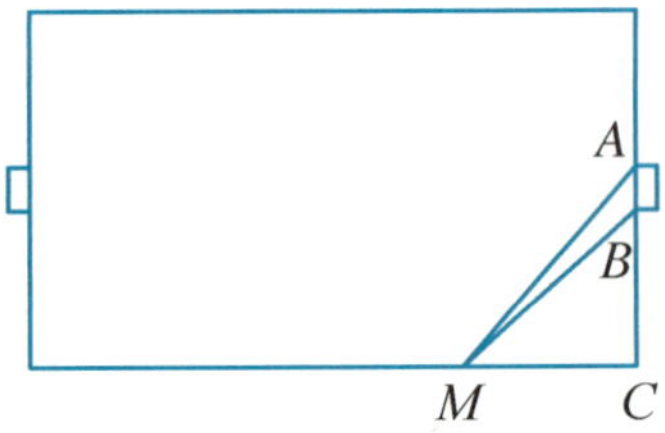

图 2-1-2

因此小宇带球沿边路逼近球门，在哪一点射门容易进球的问题就可以转化为：动点 M 在何处时，它对线段 AB 的张角 $\angle AMB$ 最大。

可以发现，要求 $\angle AMB$ 的最大值，可以转化为求 $\angle AMB$ 的三角函数的最值，$\angle AMB = \angle AMC - \angle BMC$，而 $\angle AMC$、$\angle BMC$ 都在直角三角形中，因此可以利用两角差的正切公式求得 $\angle AMB$ 的最大值。

解答

由足球场的宽为 57 m，球门宽为 7 m，可知 $AB = 7$ m，$BC = 25$ m，$AC = 32$ m。

如图 2-1-3 所示，设小宇在边路上的点 M 处射球门，$\angle AMB = \alpha$，$\angle BMC = \beta$。

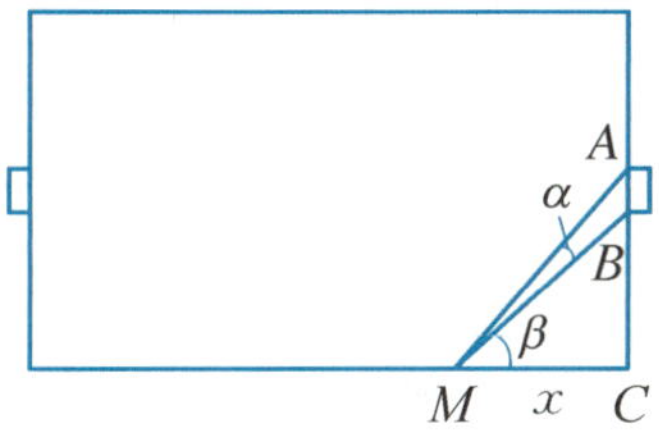

图 2-1-3

显然，α 越大越有利于射门。设 MC 为 x m，则 $\tan\beta = \dfrac{25}{x}$，$\tan(\alpha+\beta) = \dfrac{32}{x}$。

由 $\tan\alpha = \tan[(\alpha+\beta)-\beta] = \dfrac{\tan(\alpha+\beta)-\tan\beta}{1+\tan(\alpha+\beta)\tan\beta}$，

可得 $\tan\alpha = \dfrac{\dfrac{32}{x}-\dfrac{25}{x}}{1+\dfrac{32}{x}\cdot\dfrac{25}{x}} = \dfrac{7x}{x^2+32\times 25} = \dfrac{7}{x+\dfrac{32\times 25}{x}} \leqslant \dfrac{7}{40\sqrt{2}}$，

当且仅当 $x = \dfrac{32\times 25}{x}$，即 $x = 20\sqrt{2} \approx 28.28$ 时，$\tan\alpha$ 取最大值。

又因为当 $0 < \alpha < \dfrac{\pi}{2}$ 时，$\tan\alpha$ 为严格增函数，所以当 $x \approx 28.28$ 时，α 取最大值，此时射门点 M 对球门 AB 的张角最大，最有利于提高射门的命中率。

当然，在实际的足球比赛中，由于战况比较激烈，要求运动员在场上准确地确定最佳的射门位置是不现实的，但是有经验的运动员一定可以估测最佳的射门位置。另外，运动员也不一定都是按照直线轨迹带球跑，也可能近似是抛物线、椭圆等曲线，那么在这种情况下，最佳射门点又在哪里？ 留给大家继续思考。

问题

02 如何解释椭圆形台球桌的反弹特性？

知识点：椭圆

乐乐很喜欢打台球，他在科技馆看到了一个有趣的展品，在一张椭圆形台球桌上（图 2-2-1），一颗白球被放在了这个椭圆的一个焦点的位置上。乐乐发现，无论朝什么方向击打这颗白球，只要力量合适，最终都会落入位于另一个焦点处的洞里，这究竟是为什么呢？

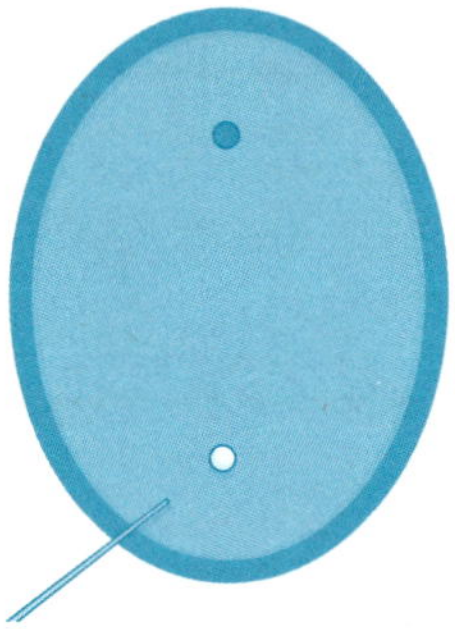
图 2-2-1

分析

其实，这是椭圆的一个特别的性质。从椭圆上的一点作椭圆的切线，切点和两焦点的连线与切线所成角总是相等的，又因为白球在反射时满足“入射角等于反射角”，因此不论朝什么方向击打，球一定能入洞。这个性质称为椭圆的“**焦点反射原理**”，它被广泛应用于各种设计中，例如电影放映机的聚光灯反射镜等。

解答

如图 2-2-2 所示，椭圆的标准方程为 C：$\frac{x^2}{a^2}+\frac{y^2}{b^2}=1$（$a>b>0$），$F_1$、$F_2$ 分别是其左、右焦点。

过椭圆上某一点 $P(x_0, y_0)$ 的切线 l 的方程为 $\frac{x\cdot x_0}{a^2}+\frac{y\cdot y_0}{b^2}=1$，$A$，$B$ 是切线 l 上的两点（不同于点 P）。

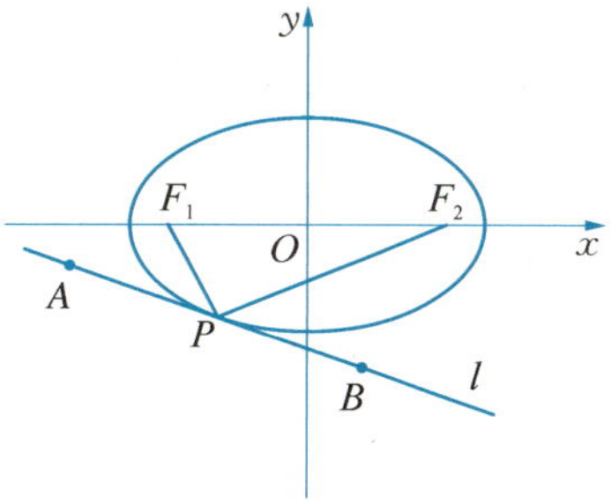

图 2-2-2

设 $\angle F_1PA=\alpha$，$\angle F_2PB=\beta$，即证 $\alpha=\beta$。

由 $\frac{x^2}{a^2}+\frac{y^2}{b^2}=1$，两边对 x 求导得 $\frac{2x}{a^2}+\frac{2yy'}{b^2}=0$，所以 $y'=-\frac{b^2}{a^2}\cdot\frac{x}{y}$，所以切线 l 的斜率 $k=-\frac{b^2}{a^2}\cdot\frac{x_0}{y_0}$，所以 $\tan\alpha=\frac{\frac{y_0}{x_0+c}-k}{1+k\cdot\frac{y_0}{x_0+c}}$。同理，$\tan\beta=\frac{k-\frac{y_0}{x_0-c}}{1+k\cdot\frac{y_0}{x_0-c}}$，由 $k=-\frac{b^2}{a^2}\cdot\frac{x_0}{y_0}$ 可得 $-ck=\frac{b^2c}{a^2}\cdot\frac{x_0}{y_0}$，$kx_0-y_0=-\frac{b^2x_0^2}{a^2y_0}-y_0=-\frac{a^2b^2}{a^2y_0}=-\frac{b^2}{y_0}$，$x_0+ky_0=x_0-\frac{b^2x_0}{a^2}=\frac{c^2x_0}{a^2}$。

所以 $\tan\alpha=\frac{y_0-k(x_0+c)}{ky_0+x_0+c}=\frac{\frac{b^2c}{a^2}\cdot\frac{x_0}{y_0}+\frac{b^2}{y_0}}{\frac{c^2x_0}{a^2}+c}=\frac{b^2}{cy_0}$，$\tan\beta=\frac{k(x_0-c)-y_0}{x_0-c+ky_0}=\frac{\frac{b^2c}{a^2}\cdot\frac{x_0}{y_0}-\frac{b^2}{y_0}}{\frac{c^2x_0}{a^2}-c}=\frac{b^2}{cy_0}$，所以 $\alpha=\beta$。

综上所述，当一颗白球被放在了椭圆的一个焦点位置时，无论朝什么方向击打这颗白球，只要力量合适，最终都会落入位于另一个焦点处的洞里。

第1章 函数
第2章 几何与代数
第3章 概率与统计

问题

03 如何解释化妆镜的神奇现象？

知识点：抛物线

最近小蕾妈妈购买了一个化妆镜（图 2-3-1），一面是平光镜，一面是放大镜。在用放大镜时，小蕾发现了两个很有意思的现象：① 当她离镜子比较远时，她看到的自己是倒过来的；② 当她离镜子比较近时，离镜子越近，镜子里的自己反而越小。如何解释这两个现象？

图 2-3-1

分析

通过查阅资料，小蕾发现其实这个可以放大的镜面，是一个凹面镜，并且是一个抛物面镜。这个抛物面镜与其轴截面的交线是抛物线的一部分。抛物线具有如下光学性质：所有从抛物线焦点发出的光线经过抛物线反射后都与这条抛物线的对称轴平行或重合；所有与抛物线的对称轴平行或重合的光线经过抛物线反射后都经过抛物线的焦点。因此这个凹面镜可以聚光。那么如何解释它的成像原理呢？

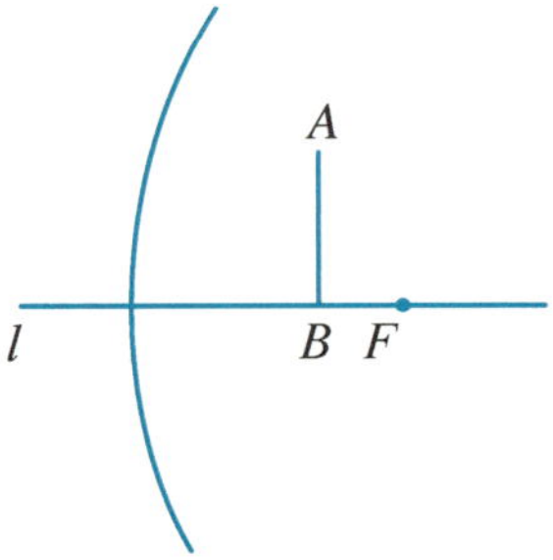

图 2-3-2

如图 2-3-2 所示，记抛物线的焦点为 F，抛物线的对称轴为直线 l。假设人脸 AB 与直线 l 垂直，垂足为点 B，且

AB 的长度为 20 cm，抛物线的焦点到准线（图中未画出）的距离为 80 cm。

如图 2-3-3 所示，要得到人脸 AB 所成的像，不妨只考虑从点 A 发出的两条特殊的光线。其中一条入射光线为从点 A 发出的与直线 l 平行的光线 AP，其反射光线经过焦点 F；另一条入射光线 AQ 所在的直线经过焦点 F，其反射光线与直线 l 平行。点 A 的像就是这两条反射光线所在直线的交点 A'。过点 A' 作直线 l 的垂线，垂足为点 B'，则不难知道物体 AB 所成的像即为 $A'B'$。根据线段 AB 与点 F 不同的位置关系，也可能有另一种成像方式，如图 2-3-4 所示。

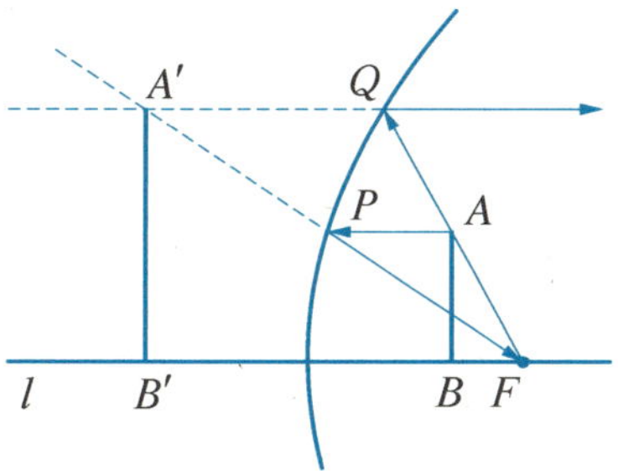

图 2-3-3

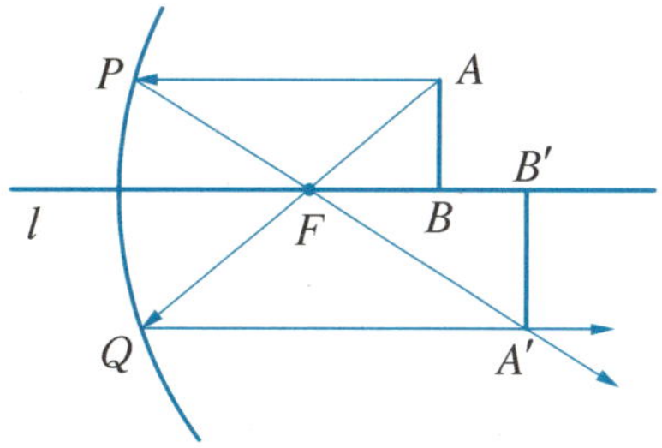

图 2-3-4

要确定人脸与所成像的关系，只需要确定 AB 与 $A'B'$ 的关系即可。

解答

如图 2-3-5 所示，以直线 l 与抛物线的交点为原点，直线 l 为 x 轴建立平面直角坐标系，由题意得，抛物线方程为 $y^2=160x$，焦点为 $F(40,0)$，设 $A(d,20)$，其中 $0<d<40$。

FA：$y=\dfrac{20}{d-40}(x-40)$，联立 $\begin{cases} y=\dfrac{20}{d-40}(x-40), \\ y^2=160x, \end{cases}$ 得 $y=4[(d-40)\pm\sqrt{(d-40)^2+400}]$。

所以当 $0<d<40$ 时，$y_Q=4[(d-40)+\sqrt{(d-40)^2+400}]$。

令 $s = d - 40 \in (-40,\ 0)$，则 $y_Q = 4(s + \sqrt{s^2 + 400})$，$f'(s) = \dfrac{s + \sqrt{s^2 + 400}}{\sqrt{s^2 + 400}} > 0$，由此可得 $A'B' = y_Q$ 随着 d 的增大而增大，随着 d 的减小而减小。

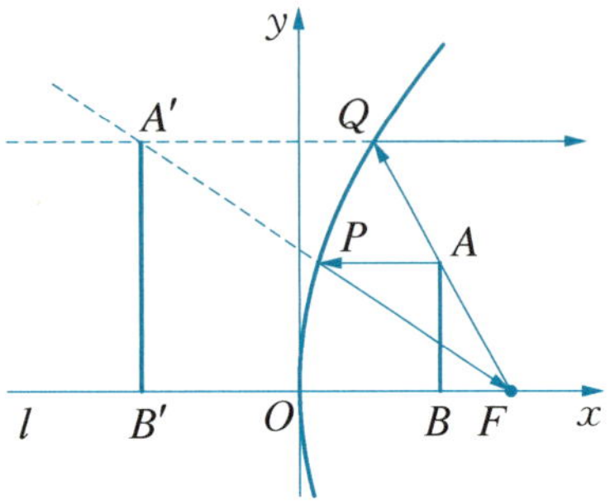

图 2-3-5

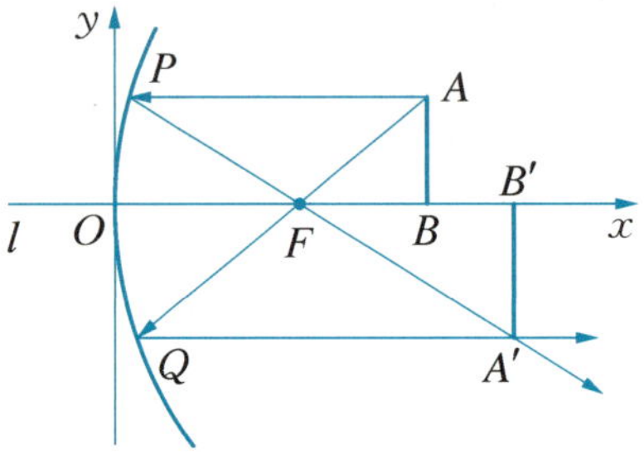

图 2-3-6

同理可得，当 $d > 40$ 时，如图 2-3-6 所示，$A'B' = -y_Q$ 随着 d 的增大而减小。

综上所述，当离镜子较远（比焦点远）时，在镜子中看到的人像是倒立、放大的；要在镜子中看到放大的正立人像，则需离镜子足够近（比焦点近），并且离镜子越近，人像越小。

问题

04 怎样投掷实心球可以投得更远？

知识点：参数方程

小文在体育课上参加投掷实心球项目，体育老师在指导同学们投掷实心球时，告诉大家，投出时要尽可能往斜上方 45°左右抛出（图 2-4-1），这样能投得更远。小文对此感到好奇，为什么往斜上方 45°左右投出能投得更远？

图 2-4-1

分析

如图 2-4-2 所示，不妨以实心球出手点的铅垂方向为 y 轴，以 y 轴与地面的交点为原点，沿此水平方向为 x 轴，建立平面直角坐标系。设实心球出手点离地面的高度为 h，投掷的角度与水平方向成 α 角，投掷实心球时的出手速度为 v_0。设实心球运动 t s 后，到达点 $P(x, y)$，由此可以

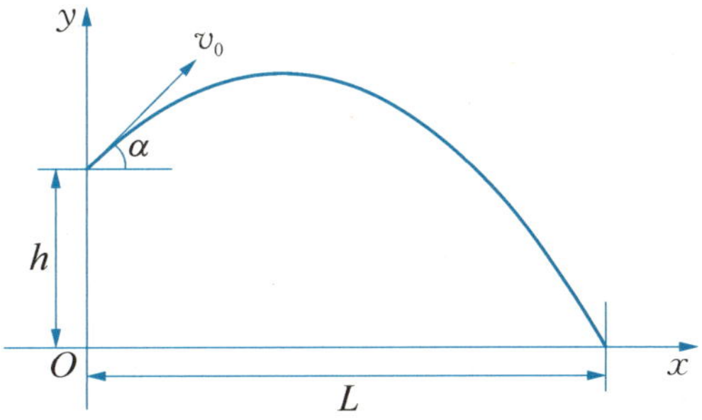

图 2-4-2

将实心球的运动轨迹 $x=f(t)$，$y=g(t)$ 分别写出来，建立参数方程。

参数方程

x，y 与某个随动点变化的变量 t 所满足的方程 $\begin{cases} x=f(t), \\ y=g(t) \end{cases}$ 称为**参数方程**，其中 t 在某个范围内变动，称为**参数**。

由题意，投掷实心球的出手速度 v_0 可以分解为水平方向和铅垂方向的两个速度，其中在水平方向上的速度为 $v_0\cos\alpha$，在铅垂方向上的速度为 $v_0\sin\alpha$。若忽略空气阻力，球在运动过程中只在铅垂方向受到重力作用，则有

$\begin{cases} x=v_0t\cos\alpha, \\ y=v_0t\sin\alpha-\dfrac{1}{2}gt^2+h \end{cases}$ $(0\leqslant t\leqslant t_1$，$t_1$ 为球落地的时刻$)$，g 为重力加速度。

化简可得 $y=-\dfrac{g}{2v_0^2\cos^2\alpha}x^2+\dfrac{\sin\alpha}{\cos\alpha}x+h$，因此实心球的运动轨迹为抛物线。

要求实心球抛出的距离，实际是求实心球掉落到地面（$y=0$）时的横坐标，要使得实心球距离最远，即求此时横坐标的最大值。

解答

如分析所示设未知数，建立数学模型，则实心球的运动轨迹方程为 $y=-\dfrac{g}{2v_0^2\cos^2\alpha}x^2+\dfrac{\sin\alpha}{\cos\alpha}x+h$。

若只考虑投掷实心球的出手角度 α 的影响，设投掷实心球的出手高度 $h=1.5\text{ m}$，投掷实心球的出手速度 $v_0=10\text{ m/s}$；重力加速度 g 取 10 m/s^2。当实心球落地时，令 $y=0$，得到方程 $-\dfrac{1}{20\cos^2\alpha}x^2+\dfrac{\sin\alpha}{\cos\alpha}x+1.5=0$，由求根公式可得抛出距离

$L = 5\sin 2\alpha + \sqrt{25\sin^2 2\alpha + 30\cos^2\alpha}$（舍去负根）。

用数值模拟当出手角度 α 在 37°～47°之间变化时投掷距离的变化，通过计算，得到下表。

α	37°	38°	39°	40°	41°	42°	43°	44°	45°	46°	47°
L/m	11.31	11.34	11.37	11.39	11.40	11.40	11.39	11.36	11.32	11.28	11.22

根据上表，可知当投掷实心球的出手速度 $v_0 = 10\ \text{m/s}$，出手角度为 41°、42°时，投掷的距离最远。因此，练习投掷实心球时，投掷的角度与水平方向成 41°、42°时，投掷得更远。这就是为什么体育老师说往斜上方 45°左右投出能使实心球投得更远。

问题

05 “时间胶囊”到底被埋在哪里？

知识点：复数

小时候，乐乐、小理和维维三人约定将写给彼此的信件放进“时间胶囊”埋在树林里。乐乐、小理两人以树林附近的公交站台为起点，乐乐走到一侧的水井，记下走过的步数，然后向右转 90°，沿这个方向走同样的步数站定；小理走到另一侧的古亭，记下走过的步数，然后向左转 90°，沿这个方向走同样的步数站定；维维在两人站定位置的正中间埋下“时间胶囊”，期待长大相聚的那天一同分享。长大后（图 2-5-1），他们发现公交站台已被移除，只有水井和古亭还在原位，那他们还能找到曾经被埋下的“时间胶囊”吗？

图 2-5-1

分析

虽然当时的起点公交站台已经不存在了，但是水井和古亭的位置还存在，如果了解复数的应用，就可以利用复数的几何含义找到被埋下的“时间胶囊”。

复数

形如 $z=a+bi$（a，$b\in\mathbf{R}$，i 为虚数单位，$i^2=-1$）的数称为**复数**，复数 $z=$

$a+b\mathrm{i}$ 在复平面上对应点 $Z(a,\ b)$ 和向量 $\overrightarrow{OZ}=(a,\ b)$。

复数的几何含义

将点 $Z(a,\ b)$ 绕原点 O 逆时针旋转 90° 得到 $Z_1(-b,\ a)$，点 Z_1 对应复数 $z_1=-b+a\mathrm{i}$，两个复数满足 $z\mathrm{i}=(a+b\mathrm{i})\mathrm{i}=a\mathrm{i}+b\mathrm{i}^2=-b+a\mathrm{i}=z_1$，由此从几何角度来说，用一个复数乘虚数单位 i，等价于让它在复平面上对应的点绕原点逆时针旋转 90°。

例如，图 2-5-2 中，点 $A(2,\ 3)$ 绕点 $B(5,\ 1)$ 逆时针旋转 90° 得到点 $C(x_0,\ y_0)$。$\overrightarrow{BA}=\overrightarrow{OA}-\overrightarrow{OB}=(-3,\ 2)$，由于向量可以平移，令 $\overrightarrow{OA'}=\overrightarrow{BA}=(-3,\ 2)$，所以向量 $\overrightarrow{OA'}$ 在复平面上对应复数 $z_1=-3+2\mathrm{i}$。类似地，$\overrightarrow{BC}=\overrightarrow{OC}-\overrightarrow{OB}=(x_0-5,\ y_0-1)$，令 $\overrightarrow{OC'}=\overrightarrow{BC}=(x_0-5,\ y_0-1)$，所以向量 $\overrightarrow{OC'}$ 在复平面上对应复数 $z_2=(x_0-5)+(y_0-1)\mathrm{i}$。

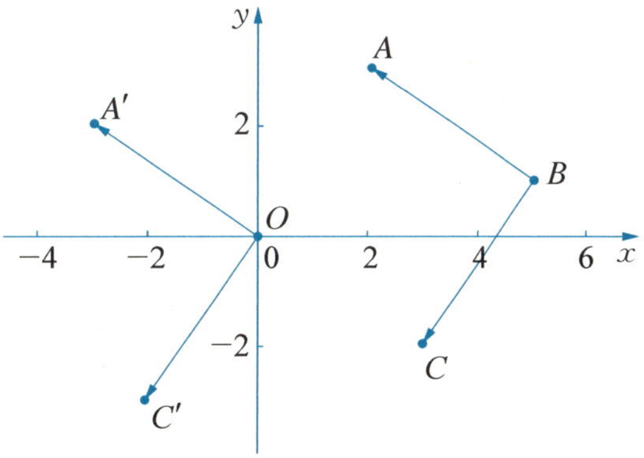

图 2-5-2

因为点 A' 绕点 O 逆时针旋转 90° 得到点 C'，所以 $z_2=z_1\mathrm{i}$，即 $(x_0-5)+(y_0-1)\mathrm{i}=(-3+2\mathrm{i})\mathrm{i}=-3\mathrm{i}-2$，故 $\begin{cases}x_0-5=-2,\\ y_0-1=-3,\end{cases}$ 所以 $\begin{cases}x_0=3,\\ y_0=-2,\end{cases}$ 即 $C(3,\ -2)$。也就是说，点 $A(2,\ 3)$ 绕点 $B(5,\ 1)$ 逆时针旋转 90° 得到点 $C(3,\ -2)$，等价于向量 $\overrightarrow{BA}$ 对应的复数 z_1 乘虚数单位 i，得到向量 $\overrightarrow{BC}$ 对应的复数 z_2。

同理，可以根据水井和古亭的位置建立复平面，找到两个向量对应的复数，而向右或向左转 90° 并走相同步数，等价于在复平面中对两个复数分别进行顺时针和逆时针旋转 90° 的操作（长度不变），即分别乘 $i^3=-i$（顺时针旋转 90° 等价于逆时针旋转 3 个 90°）和 i，从而计算得到旋转之后的点的位置，最后利用中点公式找到埋下的“时间胶囊”。

解答

如图 2-5-3 所示，将树林及附近区域视作一个复平面，水井和古亭看作两个点，将它们相连，并以这条直线作为实轴，将两点连线的中垂线作为虚轴，以水井和古亭之间距离的一半作为单位长度，则水井和古亭的坐标分别为 $J(-1,\ 0)$，$T(1,\ 0)$。设曾经的公交站台的坐标为 $Z(a,\ b)$，乐乐与小理最后的站定处分别为 J'、T'，埋下“时间胶囊”的位置为 X。

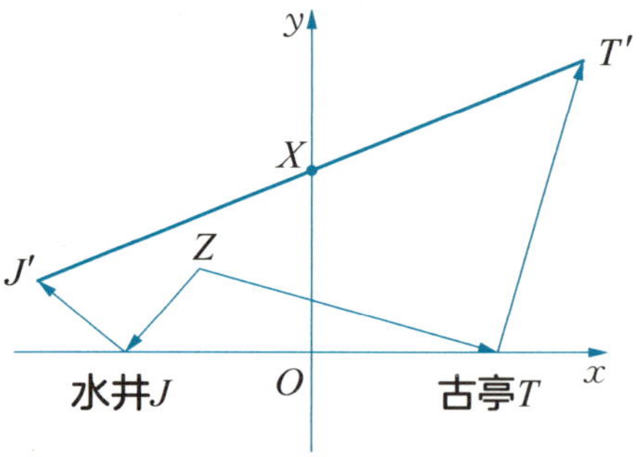

图 2-5-3

乐乐从公交站台 Z 走到水井 J，对应的向量 $\overrightarrow{ZJ}=(-1-a,\ -b)$，从水井 J 到达 J'，等价于 $[(-1-a)-bi]\times(-i)=-b+(1+a)i$，即 $\overrightarrow{JJ'}=(-b,\ 1+a)$，故 J' 的坐标为 $(-1-b,\ 1+a)$。

同理，小理从公交站台 Z 走到古亭 T，对应的向量 $\overrightarrow{ZT}=(1-a,\ -b)$，从古亭 T 到达 T'，等价于 $[(1-a)-bi]\times i=b+(1-a)i$，有 $\overrightarrow{TT'}=(b,\ 1-a)$，故 $T'(1+b,\ 1-a)$。而线段 $J'T'$ 的中点即为时间胶囊 X 的位置，有 $\dfrac{(-1-b)+(1+b)}{2}=0$，$\dfrac{(1+a)+(1-a)}{2}=1$，故 X 的坐标为 $(0,\ 1)$。

综上所述，他们只需在 $(0,\ 1)$ 的位置一挖，就能找到埋下的“时间胶囊”。换句话说，要想挖到“时间胶囊”，不需要知道曾经的公交站台在哪里。

问题

06 如何捆扎点心盒最节省彩带？

知识点：展开图

欢欢到商场里给外公、外婆购买他们喜欢吃的糕点，为了更好看一点，她顺便也买了喜庆的包装纸与彩带，想把点心盒捆扎一下。如图 2-6-1 所示，当欢欢用传统的十字节捆扎点心盒的时候，售货员阿姨对欢欢说，对点心盒做花式捆扎会更节省彩带，而且也非常美观漂亮，是否真的是这样呢？如果是，怎么样花式捆扎最节省彩带？（假设彩带没有粗细、没有弹性、打结处的长度忽略不计）

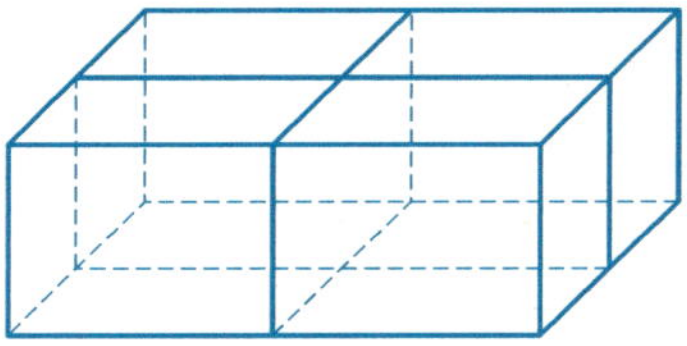

十字捆扎

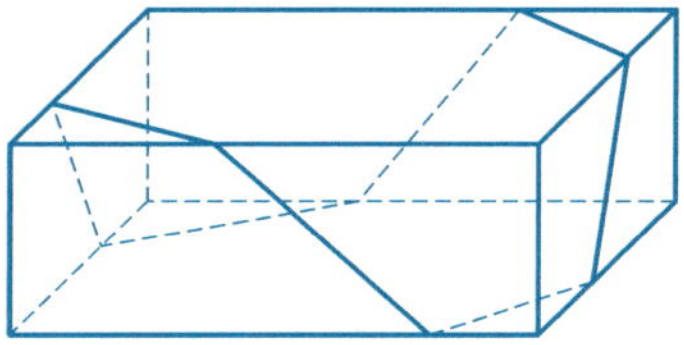

花式捆扎

图 2-6-1

分析

如图 2-6-2 所示，可以将点心盒看作一个长方体，捆扎的彩带看作空间当中首尾连接的若干条线段。设长方体点心盒的长、宽、高分别为 a，b，c，则十字捆扎需要用到的彩带长度为 $2a+2b+4c$，而花式捆扎需要的彩带长度为 $EF+FG+GH+HI+IJ+JK+KM+ME$，其中 E，F，G，H，I，

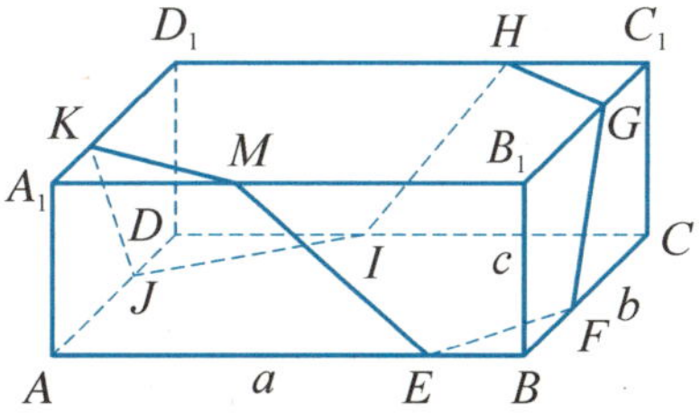

图 2-6-2

J, K, M 为各条棱上的动点。由于每条线段都随着动点位置的变化而变化，因此直接求出几条折线段的长度和是比较困难的。可以将空间中的长方体的表面展开成平面图，从而将三维的空间折线长度问题转化为二维的平面折线长度问题，进而转化为一维的两点间线段长度的问题。

解答

如图 2-6-3 所示，不妨从 AB 上的点 E 出发，将长方体展开以后，各条折线有序展开在平面上。问题于是转化为点 E 到点 E' 之间的距离何时最短。

过点 F 作 $FP \perp GB_1$ 于点 P，过点 H 作 $HQ \perp CI$ 于点 Q，过点 K 作 $KR \perp AJ$ 于点 R，过点 M 作 $SM \perp AE'$ 于点 S，由于折线段与棱构成了若干个直角三角形，根据三角形两边之和大于第三边，有

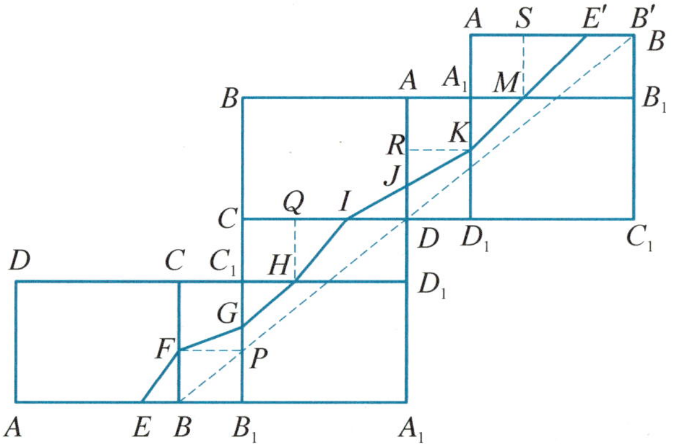

图 2-6-3

$EB + BF > EF$，$FP + PG > FG$，$GC_1 + C_1H > GH$，$HQ + QI > HI$，$ID + DJ > IJ$，$JR + RK > JK$，$KA_1 + A_1M > KM$，$MS + SE' > ME'$。

根据不等式的性质，将上述不等式全部相加，左边 $= 2a + 2b + 4c > EF + FG + GH + HI + IJ + JK + KM + ME =$ 右边，从而可得花式捆扎比十字捆扎更节省彩带。

进一步可知，当各动点的连线在平面上呈一条线段时，线段和的值最小。为了方便计算最小值，通过平移，将该线段上的点 E 移到点 B 处，此时的线段和可以用虚线 BB' 表示：

$$l_{\min} = BB' = \sqrt{(2a+2c)^2 + (2b+2c)^2} = 2\sqrt{(a+c)^2 + (b+c)^2}$$

综上所述，当花式捆扎的彩带在长方体展开图上呈一条线段时所用的彩带长度最短，最短长度为 $2\sqrt{(a+c)^2 + (b+c)^2}$。

问题

07 站在“上海之巅”观光厅最远能看到哪里？

知识点：圆与球

爸爸妈妈带小理到上海中心大厦参观游览，他们乘坐高速电梯来到了位于第 118 层、高 546 m 的“上海之巅”观光厅（图 2-7-1）。小理透过望远镜欣赏着美景，感叹上海的城市规模之大，同时心中也产生了疑惑，在这里最远能看到多远？能否像新闻中说的那样看到苏州的东方之门？（假设小理在“上海之巅”观光厅观察时，视线不受气温、空气能见度等因素的影响，并且望远镜的放大倍数足够大）

图 2-7-1

分析

要判断是否能看到东方之门，也就是要计算在“上海之巅”观光厅能看到的最远距离。如图 2-7-2 所示，我们不妨将地球视为一个均匀的球体，将“上海之巅”观光厅以下的部分抽象为一条线段 AB，将“上海之巅”观光厅抽象为线段上的一个点 A，并且假设“上海之巅”观光厅 A、上海中心大厦的楼底 B 与地球球心 O 三点共线；过 OA 所在的

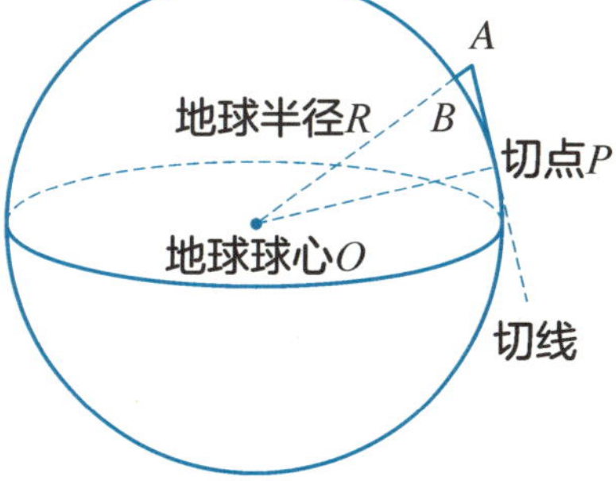

图 2-7-2

任意平面，截出以地球半径为半径的最大的圆（这样的圆有无数个），过点 A 作该圆的切线，则点 B 与切点 P 连成的弧 $\overset{\frown}{BP}$ 的长就是小理理论上能看到的最远距离。

球的大圆

球的截面是圆，在所有的球截面中，半径最大的圆称为球的大圆，其半径等于球的半径。

考虑到需要表示角的大小，我们还需要知道反余弦函数的基本概念。把满足 $\cos\theta = m$ 的角 θ 表示为 $\theta = \arccos m$（其中 $m \in [-1, 1]$，$\theta \in [0, \pi]$）。

解答

如图 2-7-3 所示，记“上海之巅”观光厅 A 的高度 $AB = h = 546$ m，地球半径为 $R = 6\ 371$ km，由 AP 与地球相切可知 $AP \perp OP$。

在 Rt$\triangle AOP$ 中，$\cos\angle AOP = \dfrac{R}{R+h}$，可得 $\angle AOP = \arccos\dfrac{R}{R+h} \approx 0.013\ 09$ rad，因此利用第 1 章问题 11 中扇形的弧长公式可得 $\overset{\frown}{BP} = \angle AOP \cdot R \approx 83.40$ km。

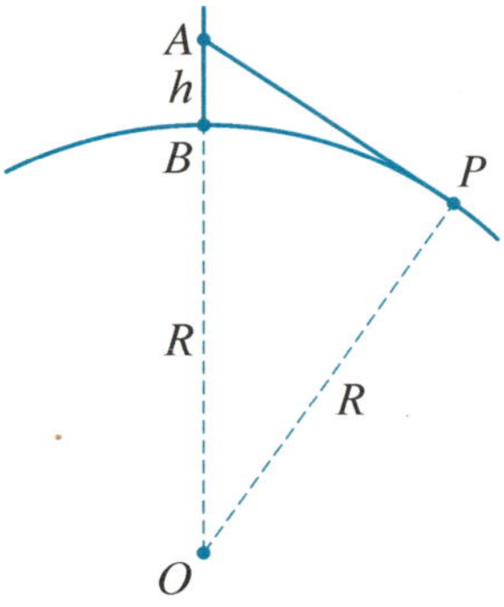

图 2-7-3

通过电子地图可知，上海中心大厦到东方之门的距离为 79.2 km，因此理论上在“上海之巅”观光厅能看到完整的东方之门。不过，由于有其他建筑物的遮挡，并且还受到天气、空气能见度等其他因素的影响，实际观测结果可能有所不同。当然，在角度合适、天气情况良好的条件下借助望远镜的确可以明显地看到东方之门。

另外，由于这样的切点 P 有无数个，这些 P 点的轨迹构成了一个圆。因此站在“上海之巅”观光厅，可视区域是以 AB 所在直线为轴，$\overset{\frown}{BP}$ 扫过的球冠（球冠是指一个球面被平面所截后剩下的曲面）。由球冠面积公式 $S = 2\pi RH$（这里的 H 指的是球冠高度，并非原题中“上海之巅”观光厅的高度），可以进一步计算出可视区域的面积。

问题

08 飞机如何飞行才能最省时间、最省油？

知识点：球面距离

乐乐参加旅行团从上海飞往洛杉矶（图 2-8-1）。根据对这两个城市在世界地图上的位置的了解，乐乐认为飞机沿着北纬 30°左右飞行会是距离最短的飞行路线。然而，通过飞机屏幕上实时的飞行轨迹，乐乐发现飞机先是飞到高纬度地区，再飞回低纬度地区，乐乐不禁产生了疑问，飞机为什么按照这样的路线飞？ 是因为这样距离更近，所以更省时间和省油吗？

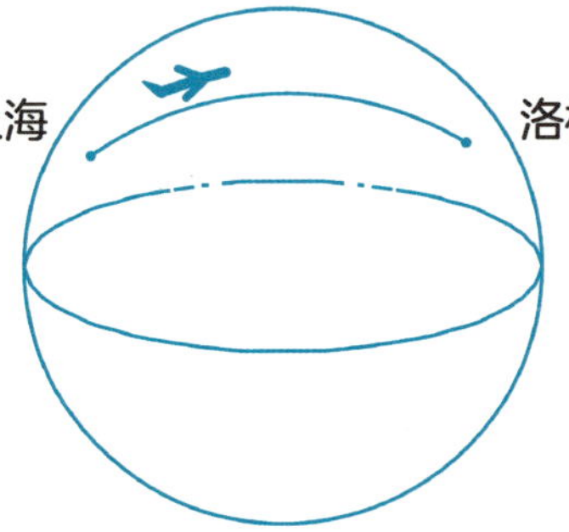

图 2-8-1

分析

假设地球是一个半径为 $r=6\,371$ km 的球体。为了便于计算，将上海的经纬度看作（32°N　120°E），洛杉矶的经纬度看作（32°N　120°W），即近似把上海和洛杉矶看成是在北纬 32°上，经度差为 120°的两地，然后我们计算沿着北纬 32°纬度圈飞行的距离。

不难知道，同纬度两点的距离即两点所在与赤道面平行的小圆的弧长，根据弧长公式 $l=\alpha\cdot r$ 即可求得，其中 α 为两点经度差，r 为小圆半径。同理，同经度两点的距离即两点所在经线圈的弧长，此时 α 为两点纬度差，r 为地球半径。

那么，飞机为什么不采取这样的飞行路线呢？ 还有什么更优的路线吗？ 这就涉及另一个数学概念——**球面距离**。

球面距离

在球面上，两点的**球面距离**就是经过这两点的大圆在这两点间的一段劣弧的长度。球面上任意两点的球面距离均适用弧长公式 $l=\alpha\cdot r$，其中 α 为两点与球心所成夹角，r 为地球半径。

解答

如图 2-8-2 所示，设上海为点 A，洛杉矶为点 B，由地球半径 $r=6\ 371\ \text{km}$，A、B 两点的经度差为 $\frac{2}{3}\pi$ 得

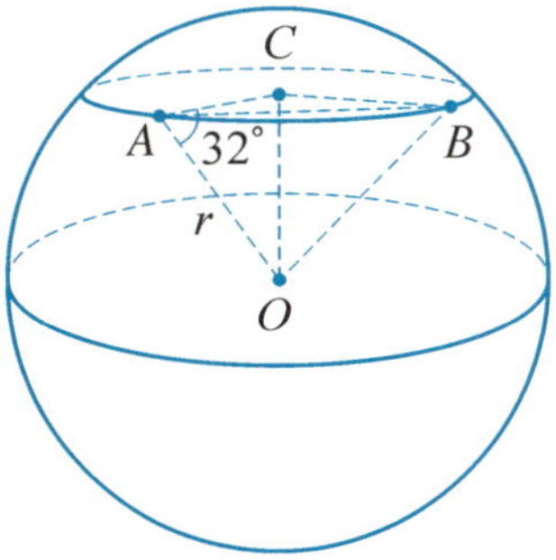

图 2-8-2

在纬线圈上的计算结果：

$AC=r\cdot\cos 32°\approx 5\ 402.608\ (\text{km})$

$\Rightarrow \overset{\frown}{AB}$（小圆弧长）$=AC\cdot\frac{2}{3}\pi\approx 11\ 309.459\ (\text{km})$

在球的大圆上的计算结果：

$AB=\sqrt{3}AC\approx 9\ 357.317\ \text{km}$

$\Rightarrow \cos\angle AOB=\dfrac{r^2+r^2-AB^2}{2r^2}\approx -0.078\ 59$

$\Rightarrow \angle AOB\approx 1.649\ 47$

$\Rightarrow \overset{\frown}{AB}$（大圆弧长）$=r\cdot\angle AOB\approx 10\ 508.773\ (\text{km})$

可以看出，最省时间、最省油的航线是沿过两点的大圆飞行。这就是为什么飞机先是飞到高纬度地区，再飞回低纬度地区。在上述计算过程中，我们将地球假设为一个标准的球体，而实际上地球是一个赤道突出的椭球，因此最优航线可能还稍有区别。另外，在实际飞行过程中还要综合气象情况，其他航班的飞行路线，以及某些特殊的禁飞区等因素，才能得出最终航线。

问题

09

如何选择合适的氦气罐给气球打气？

知识点：球

学校体育节的入场式表演中，乐乐所在的班级打算在开场时每个人手拿气球入场，因此需要用班费购买一些气球和充气用的氦气罐（图 2-9-1）。作为班级的生活委员，乐乐统计出一共需要 12 个小气球、26 个中气球、2 个大气球。充气以后，3 种气球均近似呈球形，它们的直径分别为 25 cm，30 cm，45 cm。某电商提供以下规格的氦气罐：

规格/L	7	7	13	13	22	22	22
压力值/MPa	1.6	2.6	1.6	2.6	1.6	2.6	3.6

图 2-9-1

为了方便计算，假设氦气罐中的气体可以用完，那么买哪个规格的氦气罐比较合适？

分析

根据标准气体状态方程（$pV = nRT$）可推导出氦气罐内气体在常温常压状态下的体积公式：氦气罐储气量（cm^3）= 氦气罐容积（L）×氦气罐压力值（MPa）× 10 000（平衡系数），另一方面，要计算需要的总氦气量，则要计算所有氦气球的总体积。下面尝试利用球的半径推导出球的体积公式。

祖暅原理

公元 5 世纪，我国数学家祖暅（gèng）就创造性地提出："幂势既同，则积不容异。”这里的“幂”是指水平截面的面积，“势”是指高。用现代数学语言可以表达为：夹在两个平行平面间的两个几何体，如果被平行于这两个平面的任意平面截得的两个截面都有相等的面积，那么这两个几何体的体积必相等，如图 2-9-2 所示。

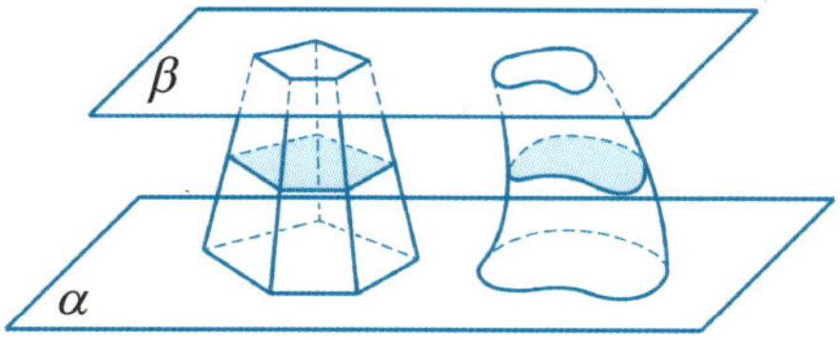

图 2-9-2

由此，我们可以观察球的截面面积表达式的结构特点，通过构造得到一个新几何体，使其截面面积处处等于原几何体（球）的截面面积，从而通过新几何体的体积求出球的体积。为此，我们还需要以下两个公式。

圆柱的体积公式

$V_{圆柱} = \pi r^2 h$（底面半径为 r、高为 h 的圆柱）

圆锥的体积公式

$V_{圆锥} = \dfrac{1}{3}\pi r^2 h$（底面半径为 r、高为 h 的圆锥）

祖冲之与祖暅曾借助牟合方盖推导球的体积公式，这里介绍另一种方法。

如图 2-9-3（a）所示，设一个半径为 R 的球，沿球的一个大圆把球切成两

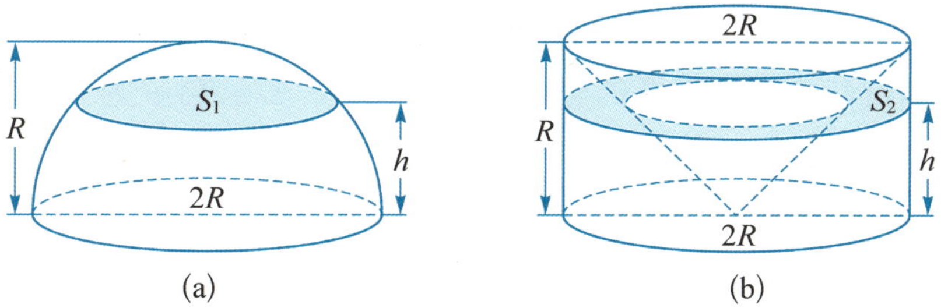

图 2-9-3

半，将其中一个半球沿切面平放。同时取底面半径为 R 、高为 R 的圆柱，并从中挖去一个倒置的、底面半径为 R 、高为 R 的圆锥［如图 2-9-3（b）所示，圆锥的底面与圆柱的上底面重合，顶点位于圆柱下底面的圆心］。

用平行于底面且距底面高度为 h 的平面截这两个几何体，左边的半球在大圆上方高度 h 处的截面是一个半径为 $\sqrt{R^2-h^2}$ 的圆，所以它的面积是 $S_1=\pi(R^2-h^2)$；易知右边几何体中被切掉的圆锥在高度 h 处的截面的半径是 h，所以右边的几何体在高度 h 处的截面面积是 $S_2=\pi R^2-\pi h^2=\pi(R^2-h^2)$。所以 $S_1=S_2$，即这两个截面面积总是相等。

根据祖暅原理，这两个几何体的体积相等，即半球的体积为图 2-9-3（b）中圆柱的体积减去圆锥的体积：$\pi R^3-\frac{1}{3}\pi R^3=\frac{2}{3}\pi R^3$，所以半径为 R 的球的体积公式为 $V_{球}=\frac{4}{3}\pi R^3$。

解答

根据球的体积公式，题目中不同大小的气球的体积分别为 $V_{小}=\frac{4}{3}\pi\times\left(\frac{25}{2}\right)^3\text{cm}^3$，$V_{中}=\frac{4}{3}\pi\times\left(\frac{30}{2}\right)^3\text{cm}^3$，$V_{大}=\frac{4}{3}\pi\times\left(\frac{45}{2}\right)^3\text{cm}^3$，需要的总氦气量：$V_{总}=12V_{小}+26V_{中}+2V_{大}\approx 561\,168\ \text{cm}^3$。经过比较，发现规格为 22 L、压力值为 2.6 MPa 的氦气罐的储气量：$22\times2.6\times10\,000=572\,000\ (\text{cm}^3)>561\,168\ \text{cm}^3$，超过需要的总氦气量且与需要的总氦气量最接近，故买容积为 22 L，压力值为 2.6 MPa 的氦气罐比较合适。

问题

10 如何包汤圆才能正好把馅和面用完？

知识点：球

元宵佳节，乐乐一家人包着汤圆（图 2-10-1），其乐融融。接近尾声时奶奶发现汤圆馅多了，于是嘱咐乐乐把汤圆包得要比之前的大一点，争取把馅和面恰好都用完。乐乐产生了疑问：为什么是把汤圆包得比之前大一点而不是小一点？你能借助数学知识帮他解释一下吗？

图 2-10-1

分析

根据经验判断，大汤圆虽然包的馅多，但是用的面也多，所以需要确定馅和面之间的数量关系。

由第 2 章问题 9 可知球的体积计算公式为 $V = \dfrac{4}{3}\pi R^3$，而球的表面积计算公式为 $S = 4\pi R^2$。

假设大汤圆与小汤圆都是标准的球体，它们的面皮厚度一样，且相对于它本身的表面积忽略不计。设 1 个大汤圆的面皮面积为 S_1，所包馅料的体积为 V_1；1 个小汤圆的面皮面积为 S_2，所包馅料的体积为 V_2。不妨设 1 个大汤圆的面皮可以做成 2 个小汤圆的面皮，即 $S_1 = 2S_2$，那么就需要比较 V_1 和 $2V_2$ 的大小关系。

解答

设大汤圆的半径为 R，小汤圆的半径为 r。

则有 $V_1 = \frac{4}{3}\pi R^3$，①

$S_1 = 4\pi R^2$，②

由②得 $R^2 = \frac{S_1}{4\pi} \Rightarrow (R^2)^{\frac{3}{2}} = \left(\frac{S_1}{4\pi}\right)^{\frac{3}{2}} \Rightarrow R^3 = \left(\frac{S_1}{4\pi}\right)^{\frac{3}{2}}$。③

将③代入①得 $V_1 = \frac{4}{3}\pi R^3 = \frac{4}{3}\pi\left(\frac{S_1}{4\pi}\right)^{\frac{3}{2}} = \frac{1}{6\sqrt{\pi}}S_1^{\frac{3}{2}}$。④

同理，可推得 $V_2 = \frac{1}{6\sqrt{\pi}}S_2^{\frac{3}{2}}$。⑤

由④⑤得 $\frac{V_1}{V_2} = \frac{\frac{1}{6\sqrt{\pi}}S_1^{\frac{3}{2}}}{\frac{1}{6\sqrt{\pi}}S_2^{\frac{3}{2}}} = \left(\frac{S_1}{S_2}\right)^{\frac{3}{2}} = \left(\frac{2S_2}{S_2}\right)^{\frac{3}{2}} = 2^{\frac{3}{2}}$。

所以 $V_1 = 2^{\frac{3}{2}}V_2 = \sqrt{2}\cdot 2V_2$，即 V_1 是 $2V_2$ 的 $\sqrt{2}$ 倍。

所以在馅多的情况下应该把汤圆包得大一些。至此，我们用数学方法不仅定性地解决了该问题，而且还给出了定量的分析。

问题

11 买什么杯型的饮料更划算？

知识点：圆台

乐乐来到一家奶茶店买饮料，店内售卖的饮料有中杯、大杯、超大杯三种杯型（图 2-11-1），他发现杯子的形状满足两个条件：① 三种杯子的形状都近似是圆台；② 三种杯子的开口和底部的半径相同。店内的菜单显示，中杯加 3 元得大杯，大杯再加 3 元得超大杯。乐乐想通过比较杯子的体积，并结合价格来判断购买哪种杯型的饮料更划算。你能帮帮他吗？

图 2-11-1

分析

如图 2-11-2 所示，将杯子的形状抽象为圆台，通过已知条件，利用 r、R、h 表示出圆台的体积，即可根据体积比和价格比判断购买哪种杯型的饮料更划算。

圆台

给定一个圆锥，用平行于底面的平面截圆锥，得到的非圆锥的部分称为**圆台**。大圆锥与截得的小圆锥是一组相似几何体，其相似比等于底面半径之比，也等于高之比，其体积比等于相似比的立方。

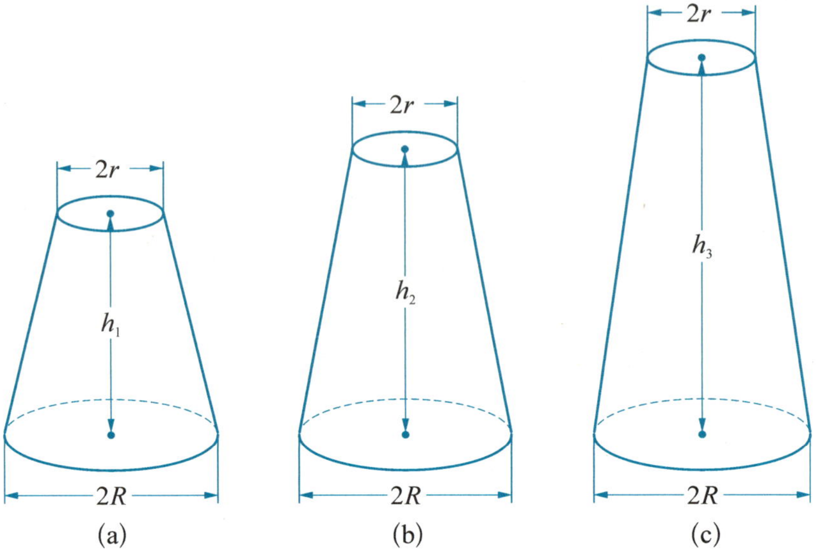

图 2-11-2

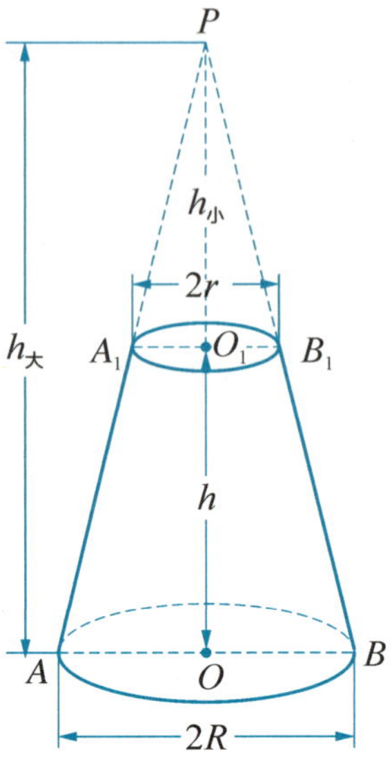

图 2-11-3

如图 2-11-3 所示，小圆锥 PA_1B_1 与大圆锥 PAB 的轴截面是两个相似三角形 $\triangle PA_1B_1$、$\triangle PAB$。利用相似比为 $\frac{r}{R}$，结合第 2 章问题 9 中圆锥的体积公式，即可由 r、R、h 表示出圆台的体积。

设 $\frac{r}{R}=\frac{PO_1}{PO}=k$，则 $\frac{h_{小}}{h_{大}}=k$，$V_{圆锥PAB}=\frac{1}{3}\pi R^2h_{大}$，$V_{圆锥PA_1B_1}=\frac{1}{3}\pi r^2h_{小}=k^3V_{圆锥PAB}$，所以 $V_{圆台}=(1-k^3)\cdot\frac{1}{3}\pi R^2h_{大}$。

因为 $\frac{h_{小}}{h_{大}}=\frac{h_{大}-h}{h_{大}}=k$，所以 $h_{大}=\frac{h}{1-k}$，代入得 $V_{圆台}=(1-k^3)\cdot\frac{\pi R^2}{3}\cdot\frac{h}{1-k}=\frac{\pi R^2}{3}(1+k+k^2)h=\frac{\pi}{3}(R^2+rR+r^2)h$。

解答

根据上述圆台体积公式可知，当圆台的上下底面半径不变时，圆台的体积之比等于圆台的高之比，因此上述三款杯型的体积之比等于 $h_1:h_2:h_3$，如图 2-11-2 所示。

不过，要判断购买哪种杯型的饮料更划算，还需结合不同品类饮料的价格来计算。例如，假设当杯子的高度是 15 cm、18 cm、21 cm（体积之比为 5∶6∶7）时，饮料 A 的价格是 10 元、13 元、16 元，饮料 B 的价格是 15 元、18 元、21 元，饮料 C 的价格是 20 元、23 元、26 元。按照饮料的性价比等于体积比除以价格比来计算，三种杯型下，饮料 A 的性价比为 $\frac{15}{10}:\frac{18}{13}:\frac{21}{16}=104:96:91$，饮料 B 的性价比为 $\frac{15}{15}:\frac{18}{18}:\frac{21}{21}=1:1:1$，饮料 C 的性价比为 $\frac{15}{20}:\frac{18}{23}:\frac{21}{26}=299:312:322$，因此饮料 A 购买中杯更划算，饮料 B 购买三种杯型一样划算，饮料 C 购买超大杯更划算。

进一步地，设中杯饮料的价格为 x 元，你能探究 x，h_1，h_2，h_3 与哪种杯型的饮料更划算之间的关系吗？

（提示：中杯、大杯、超大杯饮料的性价比分别为 $\frac{h_1}{x}$，$\frac{h_2}{x+3}$，$\frac{h_3}{x+6}$，分类讨论即可）

问题 12

足球是由多少块黑色皮和白色皮缝合而成的?

知识点：多面体

体育课上，天天和几个同学一起踢足球时（图 2-12-1），足球的构造引起了天天的注意。他发现足球是由数块黑色皮、白色皮缝合而成的，其中黑色皮为正五边形，白色皮为正六边形，天天想知道：黑色皮、白色皮各有多少块？除了一块块数，你有什么巧妙的方法吗？

图 2-12-1

分析

简单多面体

设想多面体的面都是用具有良好弹性的皮做成的，如果往这个多面体中充足够多的气体，能够使这个多面体膨胀成一个球体，那么这个多面体就是一个**简单多面体**［图 2-12-2（a）］。与之相对，像图 2-12-2（b）这

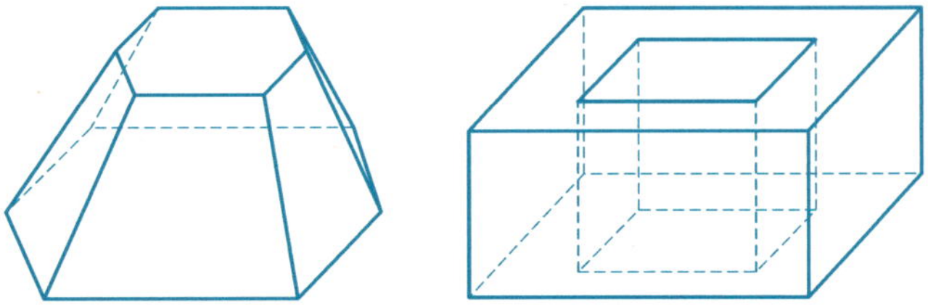
(a)　(b)
图 2-12-2

种有洞的多面体不属于简单多面体。

多面体欧拉定理

简单多面体的顶点数 V、棱数 E 与面数 F 满足 $V-E+F=2$，这个结论叫做**多面体欧拉定理**。以图 2-12-2（a）为例，$V=12$，$E=18$，$F=8$，满足 $V-E+F=2$。

本题可以尝试利用多面体欧拉定理，建立黑色皮、白色皮块数之间的关系来解决问题。将足球近似看成多面体，仔细观察各个面的特点，不难发现：每个正五边形周围有 5 个正六边形；每两个相邻的多边形恰有一条公共的边；每三个两两相邻的多边形有一个公共的顶点；所有五边形的顶点覆盖了足球的所有顶点……

解答

将足球近似看成由正五边形和正六边形组成的多面体。设构成足球表面的正五边形有 x 个，正六边形有 y 个，足球的顶点数为 V 个，棱数为 E 条，面数为 F 个，从而有 $x+y=F$；每个正五边形有 5 条边，每个正六边形有 6 条边，于是共有（$5x+6y$）条边，但是每条边被相邻的面各计算了一次，因此有 $5x+6y=2E$；每个正五边形有 5 个顶点，每个正六边形有 6 个顶点，于是共有（$5x+6y$）个顶点，但是每个顶点被相邻三个面各计算了一次，因此有 $5x+6y=3V$；另外，正五边形的顶点数与足球的顶点数满足 $5x=V$；足球的顶点数、棱数和面数满足多面体欧拉定理 $V-E+F=2$。

联立以上五个方程 $\begin{cases}x+y=F,\\5x+6y=2E,\\5x+6y=3V,\\5x=V,\\V-E+F=2,\end{cases}$ 解得 $\begin{cases}x=12,\\y=20,\\V=60,\\E=90,\\F=32。\end{cases}$

因此，可以得出如下结论：足球由 12 块黑色皮、20 块白色皮组成。

在解决足球上的正五边形和正六边形个数问题时用到的多面体欧拉定理实际上属于一个几何分支——拓扑学的领域。拓扑学研究的是几何图形的这样一些性质，它们在图形被弯曲、拉大、缩小等连续变形下保持不变，因此拓扑学也称为“橡皮膜上的几何学”。而多面体欧拉定理则是拓扑学中的重要定理，其所揭示的“欧拉示性数”是拓扑学中的基础概念。

问题

13 切 n 刀最多能将一个比萨饼切成多少块？

知识点：平面

乐乐很喜欢吃比萨饼，他发现比萨饼店的店员喜欢将比萨饼切成形状各异的小块。不难想到，每一个确定的刀数，都对应一个最多的块数。如图 2-13-1 所示，切 1 刀最多切成 2 块，切 2 刀最多切成 4 块……那么切 n 刀最多可以切成多少块？

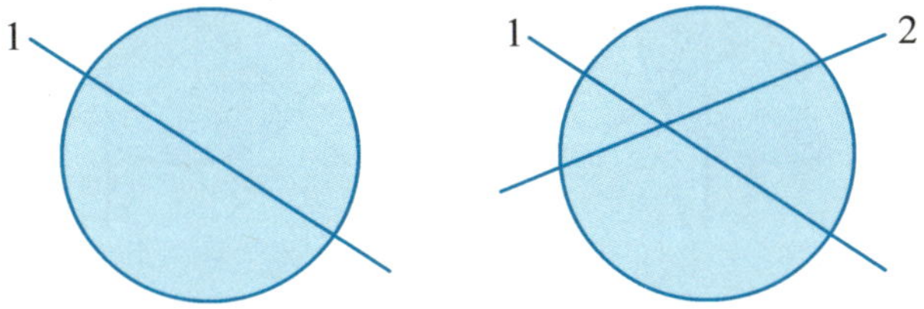

图 2-13-1

分析

如图 2-13-2 所示，切 3 刀的时候会出现 6 块、7 块等不同结果，那么 7 块

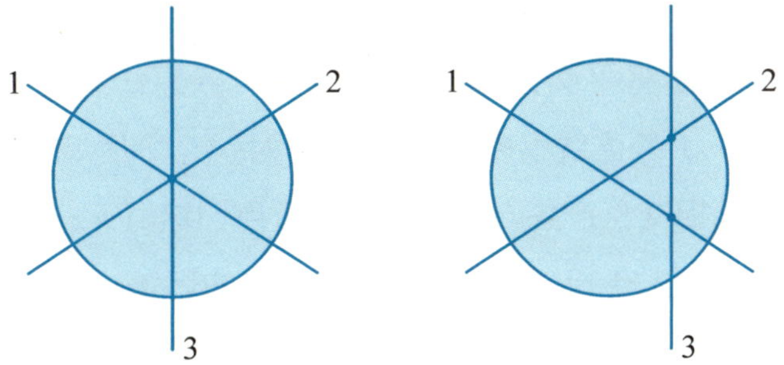

图 2-13-2

是不是最多的呢？ 为了让块数更多，需要让“第三刀”和之前的 2 条“切痕”相交，产生 2 个“交点”，从而把“第三刀”分割成 3 把“小刀片”，每把“小刀片”将原来的比萨饼一分为二，一共增加了 3 块，所以得到的数量最多为 4+3=7（块）。

如图 2-13-3 所示，继续这样操作，切 4 刀最多可以得到 11 块，切 5 刀最多可以得到 16 块。不妨尝试写出这个数列的递推公式，并将其转化为通项公式。

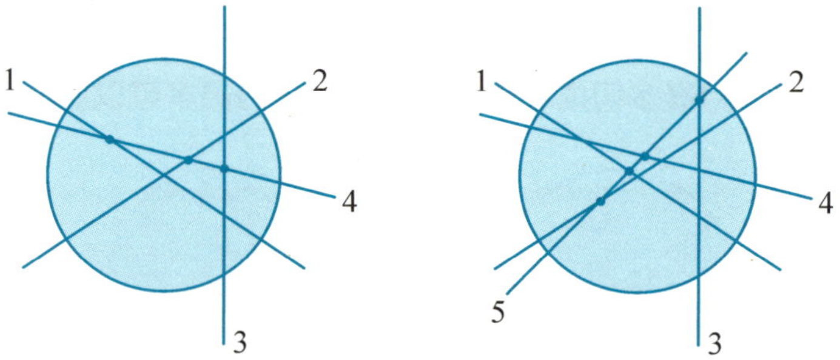

图 2-13-3

解答

根据上述分析，解决思路是将切得的比萨饼“块数最多”转化为“交点最多”。这本质上是一个经典的数学问题：平面上有 n 条直线两两相交，且任意三条不交于一点，它们最多能将平面分成多少个区域？

不妨设 n 条直线最多将平面分成 a_n 个区域。1 条直线将平面分成 2 个不同区域，记作 $a_1 = 2$；$n-1$ 条直线最多将平面分割为 a_{n-1} 个区域，而第 n 条直线与原来的（$n-1$）条直线相交，产生（$n-1$）个交点，这（$n-1$）个交点将第 n 条直线分割成 n 段（图 2-13-4），每一段将它所经过的区域一分为二，从而增加了 n 个区域，由此得到递推公式：$a_n = a_{n-1} + n$。利用累加的方法，将递推公式转化为通项公式，可得 $a_n = a_{n-1} + n = a_{n-2} + n + n - 1 = \cdots = a_1 + n + n - 1 + \cdots + 2 =$

图 2-13-4

$\frac{1}{2}(n^2+n+2)$。

在上述解题过程中，我们没有采取从已知条件和结论出发的常规思路，而是运用递推思想，抓住从 $n-1$ 到 n 的变化规律，揭示了递推公式，从而将其转化为通项公式。原来切比萨饼的问题如此有趣！ 如果把比萨饼变成西瓜，那么切 n 刀最多又能切成多少块呢？

问题

14 切 n 刀最多能将一个西瓜切成多少块？

知识点：空间

乐乐终于明白了切比萨饼的奥秘。回到家，他看到妈妈在切西瓜（图 2-14-1），发现将一个西瓜切 1 刀最多切成 2 块，切 2 刀最多切成 4 块。乐乐开始思考，切 n 刀最多可以切成多少块？

图 2-14-1

分析

和研究切比萨饼问题一样，我们不妨尝试先写出若干项，找到其中的规律，然后归纳并证明其递推公式，再转化为通项公式。在切西瓜问题中，设切 n 刀最多分成的块数构成一个数列 $\{c_n\}$，可以发现：

$$c_1 = 2，\ c_2 = 4，\ c_3 = 8\cdots\cdots$$

是否 $c_4 = 16$，$c_n = 2^n$ 呢？现在下结论未免过早，有时候不能太相信我们的直觉。那么在这个问题中，递推公式到底是什么呢？我们可以把“点分线”“线分面”“面分空间”三类问题联系起来看，从而找到其中的内在规律。

解答

设 n 个点分直线最多分成 a_n 个部分，n 条直线分平面最多分成 b_n 个部分，n 个平面分空间最多分成 c_n 个部分，“点分线”的递推关系比较简单，“线分面”的递推关系在第 2 章问题 13 中已经揭示了，而“面分空间”的递推关系，我们可以在下表中探索其规律。

n	1	2	3	4	5	6	…
a_n	2	3	4	5	6	7	…
b_n	2	4	7	11	16	22	…
c_n	2	4	8	15	…	…	…

仔细观察可以发现，$c_1=2$，$c_2=4=c_1+b_1$，$c_3=8=c_2+b_2$，$c_4=15=c_3+b_3$……

我们可以大胆猜想，数列 $\{c_n\}$ 的递推公式是 $c_n=c_{n-1}+b_{n-1}$（$n\geqslant 2$），证明如下：如图 2-14-2 所示，当添加上第 n 个平面后，第 n 个平面与原来的（$n-1$）个平面相交，有（$n-1$）条交线，这（$n-1$）条交线将第 n 个平面最多分割成 b_{n-1} 个区域，而每个区域将它所经过的空间一分为二，从而增加了 b_{n-1} 个区域，所以 $c_n=c_{n-1}+b_{n-1}$（$n\geqslant 2$）。

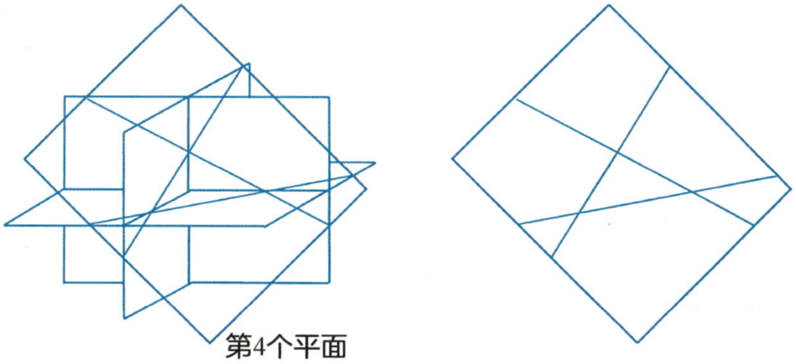

图 2-14-2

根据切比萨饼问题中的结论，可以得到 $b_{n-1}=\frac{1}{2}[(n-1)^2+(n-1)+2]$ $(n\geqslant 2)$。

因为 $c_n=c_{n-1}+b_{n-1}=(c_{n-2}+b_{n-2})+b_{n-1}=\cdots=c_1+b_1+b_2+\cdots+b_{n-1}$ $(n\geqslant 2)$，所以 $c_n=\frac{1}{2}[(n-1)^2+(n-1)+2]+\frac{1}{2}[(n-2)^2+(n-2)+2]+\cdots+\frac{1}{2}(1^2+1+2)+2=\frac{1}{2}[(n-1)^2+(n-2)^2+\cdots+1^2]+\frac{1}{2}[(n-1)+(n-2)+\cdots+1]+\cdots+\frac{1}{2}(\underbrace{2+2+\cdots+2}_{(n-1)\text{个}2})+2=\frac{1}{6}(n^3+5n+6)$。

经验证，当 $n=1$ 时，结论也符合上述表达式，所以 $c_n=\frac{1}{6}(n^3+5n+6)$ $(n\geqslant 1)$，即 n 个平面最多将空间分为 $\frac{1}{6}(n^3+5n+6)$ 个部分。

综上所述，切 n 刀最多能将一个西瓜切成 $\frac{1}{6}(n^3+5n+6)$ 块。

问题 15

如何计算无穷多条圆弧的长度之和？

知识点：分形几何

假期小平和爸爸一起学习剪纸，小平发现自己的圆弧一直剪得不够圆，所以小平决定先多多练习剪圆弧。为了各种大小的圆弧都尽可能地练习到，爸爸提议先把 A4 纸沿对角线剪开，然后分别依次剪下与三角形的斜边相切的半圆形（图 2-15-1），按照上面的方法一直剪下去，这样整张纸得到的圆弧长度之和理论上是多少？ 如图 2-15-2 所示，如果不沿对角线剪开，而是每次都剪去一个最大的圆（四周边角料舍弃），理论上得到的圆弧长度之和又是多少？ 哪种方式得到的圆弧长度之和更大？

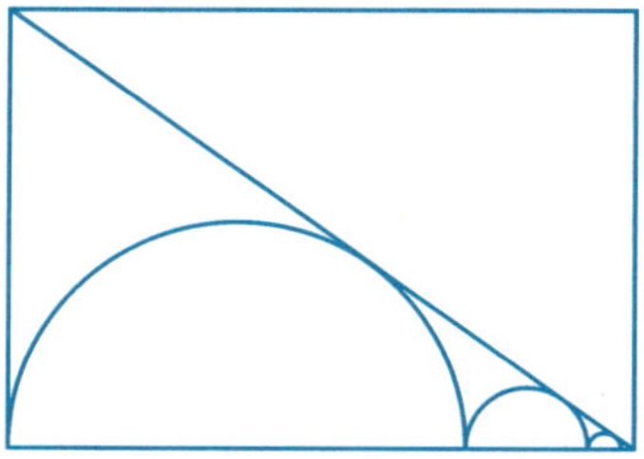

图 2-15-1

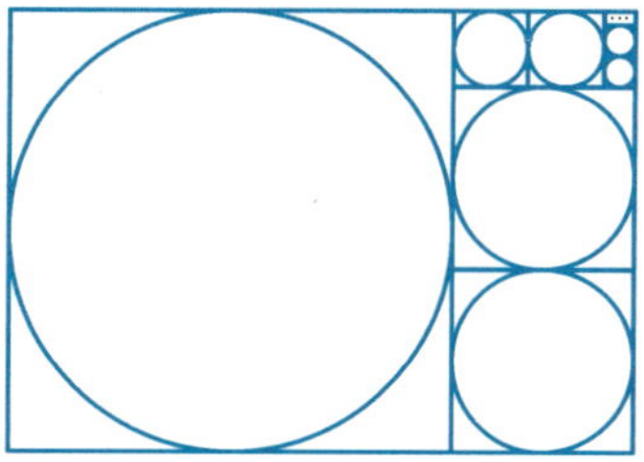

图 2-15-2

分析

如图 2-15-1、图 2-15-2 所示，在剪完第一个半圆或整圆后，我们还可以继续剪出第二个半圆或整圆，依此类推……其中蕴含着无穷数列的思想。

有穷数列与无穷数列

我们知道，按照一定顺序排列的一列数称为数列。其中，项数有限的数列称为**有穷数列**，项数无限的数列称为**无穷数列**。

在第 1 章问题 18 中已经介绍了等比数列的定义与求和公式，这里进一步探究等比数列的各项和。对于首项为 a、公比为 q 的等比数列 $a_n = a \cdot q^{n-1}$（n 为正整数），当 $|q| < 1$ 时，此数列的前 n 项和为 $S_n = a + aq + \cdots + aq^{n-1} = \frac{a}{1-q}(1-q^n)$。随着 n 的增大，q^n 越来越趋近于 0，S_n 的值越来越趋近于 $\frac{a}{1-q}$，从而 S_n 的极限为 $\frac{a}{1-q}$，记为 $\lim\limits_{n \to +\infty} S_n = \sum\limits_{i=1}^{+\infty} aq^{i-1} = \frac{a}{1-q}$。

解答

① 如果沿着对角线剪开，如图 2-15-3 所示，设 A4 纸的长为 $\sqrt{2}a$ cm，宽为 a cm，第 n 个半圆的半径为 r_n cm，则 $AB = \sqrt{AO^2 + OB^2} = \sqrt{3}a$ cm。由 $\triangle AOB \backsim \triangle O_1CB$ 可知，$\frac{r_1}{\sqrt{2}a - r_1} = \frac{AO}{AB} = \frac{1}{\sqrt{3}}$，解得 $r_1 = \frac{\sqrt{6}-\sqrt{2}}{2}a$ cm。

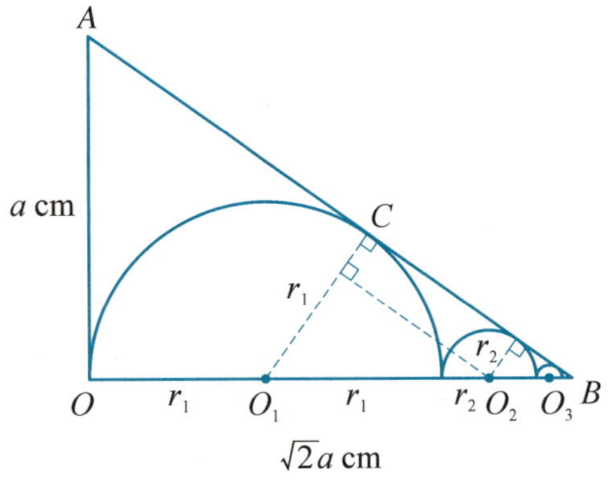

图 2-15-3

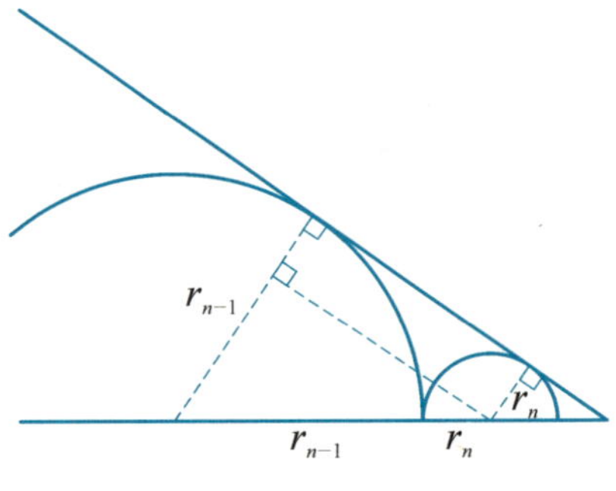

图 2-15-4

类似地，当 $n \geqslant 2$ 时，如图 2-15-4 所示，由相似得 $\dfrac{r_{n-1}-r_n}{r_{n-1}+r_n}=\dfrac{1}{\sqrt{3}}$，解得 $r_n=(2-\sqrt{3})r_{n-1}$，所以形成的半圆的半径 $\{r_n\}$ 是以 $\dfrac{\sqrt{6}-\sqrt{2}}{2}a$ 为首项、$2-\sqrt{3}$ 为公比的等比数列，因此，所有圆弧的长度之和为 $2\times\lim\limits_{n\to+\infty}S_n=2\times\sum\limits_{i=1}^{+\infty}\left[\dfrac{\sqrt{6}-\sqrt{2}}{2}a\pi\cdot(2-\sqrt{3})^{i-1}\right]=2\times\dfrac{\dfrac{\sqrt{6}-\sqrt{2}}{2}a\pi}{1-(2-\sqrt{3})}=\sqrt{2}a\pi$（cm）。

② 如果不沿着对角线剪开，如图 2-15-2 所示，剪下一个最大的圆以后，易知此后每次减去两个一样大的圆，剩下的长方形部分的长宽比均为 $1:(\sqrt{2}-1)$，因此接下去的裁剪过程以相同的方式重复。

计算可得，第 1 个圆的直径为 a cm，第 2、3 个圆的直径为 $(\sqrt{2}-1)a$ cm，第 4、5 个圆的直径为 $(\sqrt{2}-1)^2a$ cm……第 $2n$、$(2n+1)$ 个圆的直径为 $(\sqrt{2}-1)^na$ cm（$n\geqslant 1$）。

所以所有圆弧的长度之和为 $[a+2(\sqrt{2}-1)a+2(\sqrt{2}-1)^2a+\cdots]\pi$

$$=\left[\frac{2a}{1-(\sqrt{2}-1)}-a\right]\pi=(1+\sqrt{2})a\pi\ (\text{cm})>\sqrt{2}a\pi\ \text{cm}$$

综上所述，当不沿着对角线剪开时，得到的圆弧长度之和更大。

问题

16 如何计算科赫雪花曲线的周长和围成的面积？

知识点：分形几何

冬天到了，乐乐发现一片小小的雪花里也蕴含着某种精美的几何图形。早在1904年，著名的瑞典数学家科赫通过“分形”的方法得到了一个近似雪花形状的曲线，后来这个曲线叫做科赫雪花曲线。它从一个等边三角形［图2–16–1（a）］开始，取走每边中间的三分之一，接上一个新的边长为其三分之一的等边三角形，结果得到一个六角星［图2–16–1（b）］；取六角星的每条边做同样的变换，便得到一个有18个尖角的图形［图2–16–1（c）］……依此类推，直至无穷。在这个过程中，边缘变得越来越细微曲折［图2–16–1（d）］，我们这样无限“分形”下去，就得到了科赫雪花曲线。你能计算出科赫雪花曲线的周长和围成的面积吗？

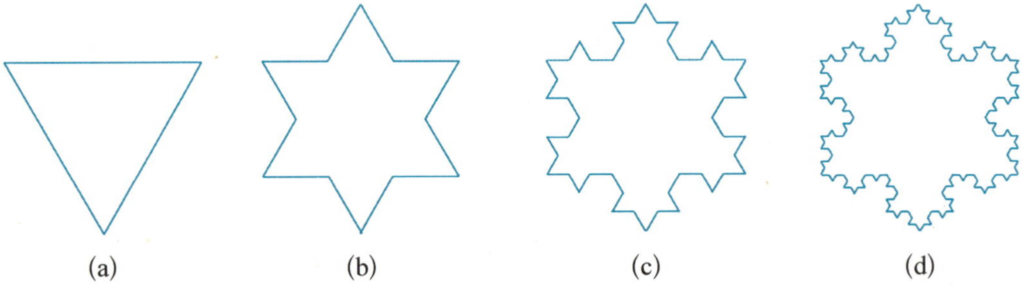

图 2–16–1

分析

设原等边三角形的边长为 a，面积为 S。

先来计算一下第 n 次“分形”后的周长。

第 1 次“分形”后，边数变成 3×4，每个小等边三角形的边长为 $\frac{1}{3}a$，周长为 $\frac{1}{3}a\times3\times4=3a\times\frac{4}{3}$。

第 2 次“分形”后，边数变成了 $3\times4\times4$，每个小等边三角形的边长为 $\left(\frac{1}{3}\right)^2a$，周长为 $\frac{1}{9}a\times3\times4\times4=3a\times\left(\frac{4}{3}\right)^2$。

…………

第 n 次“分形”后，周长为 $3a\times\left(\frac{4}{3}\right)^n$。

再来计算一下第 n 次“分形”后的面积。

第 1 次“分形”后，所形成的图形面积在原来的等边三角形面积的基础上增加了 3 个小等边三角形的面积，每个小等边三角形的面积是原等边三角形的 $\frac{1}{9}$（相似三角形的面积之比等于边长之比的平方），所以面积为 $S+3\times\frac{1}{9}S$。

第 2 次“分形”后，在第 1 次“分形”的基础上增加了 3×4 个小等边三角形的面积，每个小等边三角形的面积是原等边三角形的 $\left(\frac{1}{9}\right)^2$，所以面积为 $S+3\times\frac{1}{9}S+3\times4\times\left(\frac{1}{9}\right)^2S=S+\frac{1}{3}S+\frac{1}{3}\times\frac{4}{9}S$。

…………

第 n 次“分形”后，面积为 $S+\frac{1}{3}S+\frac{1}{3}\times\frac{4}{9}S+\frac{1}{3}\times\left(\frac{4}{9}\right)^2S+\cdots+\frac{1}{3}\times\left(\frac{4}{9}\right)^{n-1}S$。

从面积的表达式可以看出，从第 2 项起，是一个公比为 $\frac{4}{9}$ 的无穷等比数列求和问题，因此可以利用第 2 章问题 15 中等比数列各项和的公式解决问题。

解答

设原等边三角形的边长为 a，面积为 S。由上述分析可知，周长为 $3a\left(\frac{4}{3}\right)^n$，因为 $\frac{4}{3}>1$，所以当 n 增大时，指数函数 $y=\left(\frac{4}{3}\right)^n$ 是趋向于无穷大的，所以科赫雪花曲线的周长也是趋向于无穷大的。

科赫雪花曲线围成的面积为 $S+\frac{1}{3}S+\frac{1}{3}\times\frac{4}{9}S+\frac{1}{3}\times\left(\frac{4}{9}\right)^2S+\cdots+\frac{1}{3}\times\left(\frac{4}{9}\right)^{n-1}S=S+\frac{\frac{1}{3}S}{1-\frac{4}{9}}=S+\frac{3S}{5}=\frac{8}{5}S$。

可以看出，经过无数次的“分形”，科赫雪花曲线的周长是趋向于无穷大的，而其围成的面积却趋向于一个固定的值。可见这是一个神奇的曲线，它用无限的长度包围了有限的面积。

1967 年美国数学家曼德尔布罗在《科学》杂志上发表论文《英国的海岸线有多长？》，这是分形几何学理论发展的重要里程碑。分形几何不仅展示了数学之美，还改变了人们理解自然的方式，对它的研究和应用也极大地拓展了人类对其他领域的认知。

第3章

概率与统计

问题

01 4×100 m接力赛有多少种组队方式？

知识点：计数原理

学校一年一度的运动会即将开始，老师要从 7 名运动员中选 4 名组成接力队参加 4×100 m 的接力赛（图 3-1-1），如果乐乐和嘉嘉表示他们两人都不能跑中间两棒，那么老师有多少种安排运动员的方法？

图 3-1-1

分析

这是一个计数问题。因为一共有 7 名运动员可以选择，并且乐乐和嘉嘉不能跑中间两棒，所以可以先分类讨论乐乐和嘉嘉是否参加 4×100 m 的接力赛，共分成三种情况：情况一，乐乐和嘉嘉都不参加接力赛；情况二，乐乐和嘉嘉有且仅有一人参加接力赛；情况三，乐乐和嘉嘉都参加接力赛。在每种情况中，利用乘法原理或者排列数求出总的安排方式，最后利用加法原理求和即可解决问题。

加法原理（分类计数原理）

做一件事，完成它有 n 类办法，其中第一类办法有 a_1 种不同的方法，第二类办法有 a_2 种不同的方法……第 n 类办法有 a_n 种不同的方法，那么完成这件事共有

$a_1+a_2+\cdots+a_n$ 种不同的方法。

乘法原理（分步计数原理）

做一件事，需要依次完成 n 个步骤，其中完成第一步有 a_1 种不同的方法，完成第二步有 a_2 种不同的方法……完成第 n 步有 a_n 种不同的方法，那么完成这件事共有 $a_1a_2\cdots a_n$ 种不同的方法。

排列与排列数

从 n 个互不相同的元素中，取出 m（$m\leqslant n$）个不同元素按照一定的顺序排成一列，叫做从 n 个元素中取出 m 个元素的一个**排列**，所有排列的个数称为**排列数**，用符号 A_n^m 表示，且 $\mathrm{A}_n^m=n(n-1)(n-2)\cdots(n-m+1)=\dfrac{n!}{(n-m)!}$。

组合与组合数

从 n 个互不相同的元素中，取出 m（$m\leqslant n$）个不同元素作为一组，叫做从 n 个元素中取出 m 个元素的一个**组合**，所有组合的个数称为**组合数**，用符号 C_n^m 表示，且 $\mathrm{C}_n^m=\dfrac{\mathrm{A}_n^m}{\mathrm{A}_m^m}=\dfrac{n!}{m!(n-m)!}=\dfrac{n(n-1)(n-2)\cdots(n-m+1)}{m!}$。

解答

根据题意，分三种情况讨论。

情况一：乐乐和嘉嘉都不参加接力赛。此时问题等价于从 5 个人中选择 4 个人排成一列，利用乘法原理可得排列方式有 $5\times4\times3\times2=120$（种），或者利用排列数可得 $\mathrm{A}_5^4=120$（种）。

情况二：乐乐和嘉嘉有且仅有一人参加接力赛。不妨先考虑只有乐乐参加接力赛。因为乐乐不能跑中间两棒，所以乐乐只能跑第一棒或者最后一棒，有 2 种安排方式，剩下三棒的安排方式等价于从 5 个人中选择 3 个人排成一列，共有 $5 \times 4 \times 3 = 60$（种）排法，因此利用乘法原理可知，共有 $2 \times 60 = 120$（种）排法；同理，如果只有嘉嘉参加接力赛，也有 120 种排法。因此共有 $120 \times 2 = 240$（种）排法。

情况三：乐乐和嘉嘉都参加接力赛。此时可以先安排乐乐和嘉嘉，共有 2 种排法，剩下两棒的安排方式等价于从 5 个人中选 2 个人排成一列，共有 $5 \times 4 = 20$（种）排法，因此利用乘法原理共有 $2 \times 20 = 40$（种）排法。

利用加法原理，将三种情况的排法相加可得共有 $120 + 240 + 40 = 400$（种）排法。

感兴趣的同学也可以尝试利用组合数解决此问题。

问题

02 用珠子穿项链有多少种方式?

知识点：排列

文文把红、橙、黄、绿、青、蓝、紫共 7 颗不同颜色的珠子用丝线穿成一串后（图 3-2-1），从桌上拿起来细细欣赏，十分艳丽好看。此时，他脑中冒出了两个问题：用珠子穿项链有多少种方式呢？把珠子放在桌上的穿法与拿起来穿时的穿法是否一样多呢？

图 3-2-1

分析

如果把 7 颗不同颜色的珠子排成一列，很容易得到排法有 $A_7^7=5\,040$（种），但是把 7 颗不同颜色的珠子穿成一串，就不再有首尾之分。为方便起见，先考虑 4 颗珠子的情况，颜色分别记为红、橙、黄、绿。此时，如图 3-2-2 所示的 4 种情

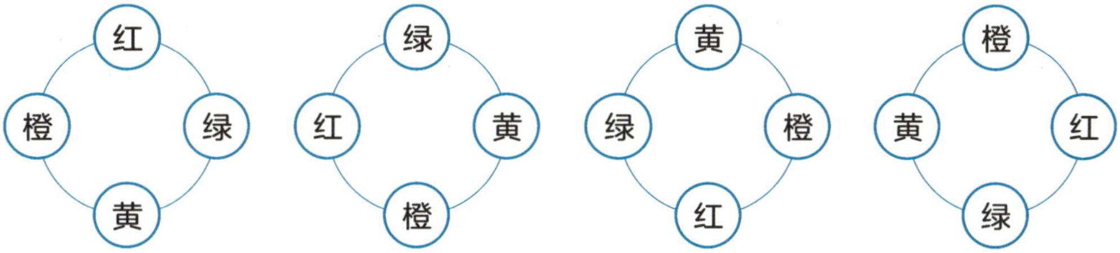

图 3-2-2

况应当看作同一种排列，像这样的排列方式称为**环形排列**。

环形排列

把 n 个相异元素围成一个圆圈（或封闭图形）的排列方式，叫做**环形排列**。n 个相异元素的环形排列数公式为（$n-1$）！。同样地，如果从 n 个不同的元素中，每次取出 k 个不同的元素进行环形排列，则排列数公式为 $\frac{A_n^k}{k}$。

如果将珠子从桌上拿起来，情况就又发生了变化。如图 3-2-3 所示，左边是逆时针方向的红→橙→黄→绿，右边是顺时针方向的红→橙→黄→绿。这两种穿法关于直线成轴对称，若将它们放在桌上时为不同的环形排列，但是放到空间中，观察者可以从前后两个方向来看珠子，此时，它们又变成同一种穿法了，这种排列方式称为**项链排列**。

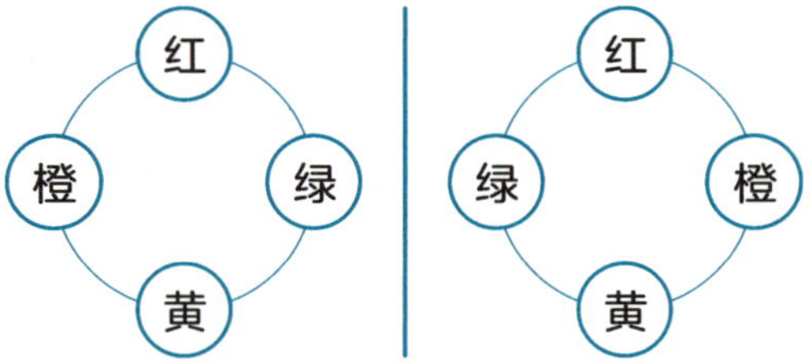

图 3-2-3

项链排列

一般地，把 n 个相异元素围成一个圆圈，不区分顺时针或逆时针，则排列数公式为 $\frac{(n-1)!}{2}$。

解答

先来看把 7 颗不同颜色的珠子放在桌上的不同穿法。因为一个环形排列中的所有元素沿圆周依次移动时，7 个元素间的相对位置并未发生变化，因此，先假定 1 个元素的位置固定不动，而后把其余的（7－1）个元素进行排列，即得全部

环形排列数 $(7-1)!$。因此 7 颗不同颜色的珠子放在桌上的穿法有 $6!=720$（种）。

再来看把珠子放在空中穿成一串的不同穿法。先确定顶上的 1 颗珠子，由于环形排列无首尾之分，不妨设它为红色的珠子，如图 3-2-4 所示；再确定其余 6 颗中的左边 3 颗的排法，共有 A_6^3 种；最后将余下 3 颗进行全排列，有 A_3^3 种。根据乘法原理得一共有 $A_6^3 \times A_3^3$ 种穿法。但是由于把项链提在空中，上述方法确定的每一种穿法都被计算了两次，所以把珠子放在空中穿成一串的不同穿法有 $\frac{A_6^3 \times A_3^3}{2}=\frac{6!}{2}=360$（种）。

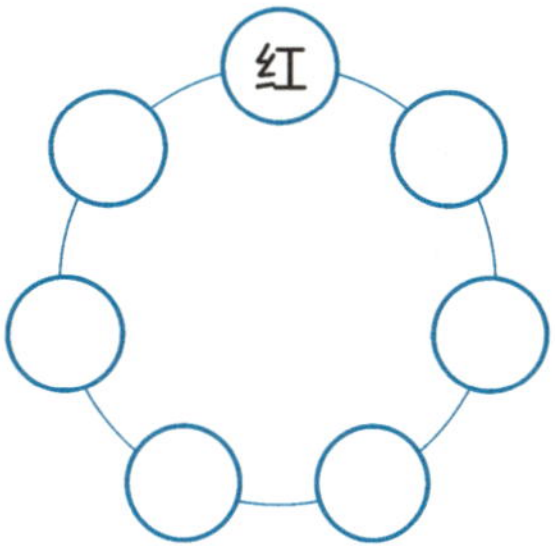

图 3-2-4

同学们还可以思考，如果乐乐希望把红色的珠子和黄色的珠子穿在相邻位置，那么又有多少种不同的穿法呢？

问题

03 小冀能看完阿根廷队的所有比赛吗？

知识点：排列组合

国际足联世界杯（简称世界杯）每四年举办一次，其中，2022 年世界杯由亚洲国家卡塔尔举办。32 支球队将经过小组赛、淘汰赛，决出前三名。小组赛分为 8 组，每组 4 支球队，进行积分制的单循环赛（两两对抗），胜、平、负分别计 3 分、1 分、0 分，其中积分最高的 2 支球队进入淘汰赛（积分相同不重赛，根据其他方式评判）。淘汰赛分为八分之一决赛、四分之一决赛、半决赛、决赛，每场比赛胜者晋级、败者淘汰。

图 3-3-1

小冀是阿根廷队的铁粉（图 3-3-1）。为了不影响学习，和父母商量后，小冀实际观看的比赛场数不超过总场数的 $\frac{1}{9}$。已知阿根廷队一路战到了最后并获得了冠军，请问：小冀能否看完阿根廷队参与的所有比赛？

分析

小冀能否看完阿根廷队的所有比赛，需要考虑两点：一是世界杯 32 支球队一共比赛多少场；二是 1 支球队在世界杯比赛中最多参加的比赛场数，最后进行比较即可得出结论。根据题意先画出图 3-3-2，然后运用组合数的相关知识进行解答。

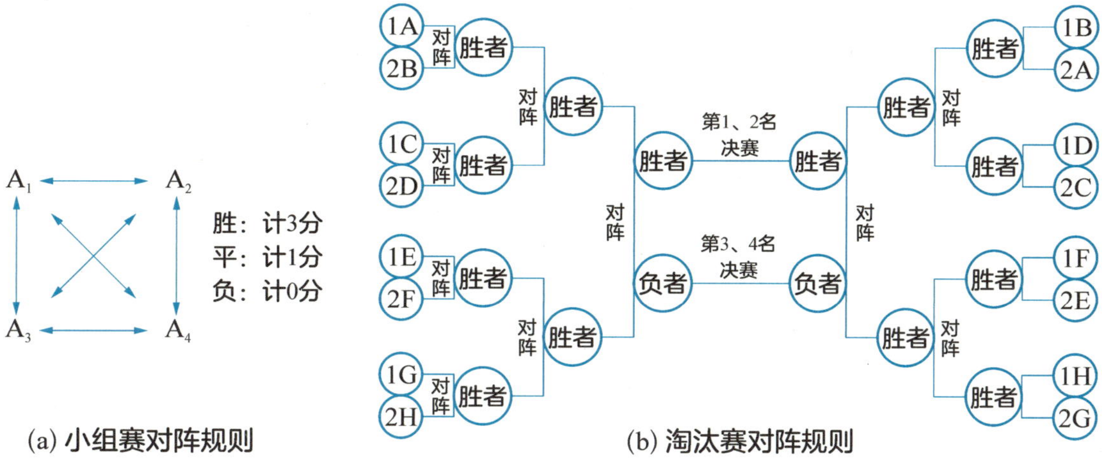

(a) 小组赛对阵规则（以A组为例）

(b) 淘汰赛对阵规则

图 3-3-2

解答

首先，计算小组赛场数。32 支球队分成 8 个小组，每组有 4 支球队，进行单循环赛，即 1 个小组内的每支球队都必须和其他 3 支球队进行 1 场比赛，则 1 个小组的比赛场数为 $C_4^2=\dfrac{4\times 3}{2!}=6$，一共有 8 个小组，共进行 $8\times 6=48$（场）比赛。

其次，计算淘汰赛场数。根据题意，每个小组决出积分排名前 2 的球队进入淘汰赛，即有 16 支球队进入八分之一决赛。

在八分之一决赛中，按照一定规则将 16 支球队分成 8 组进行对阵，单场比赛决出晋级球队，一共有 8 场比赛。

在四分之一决赛中，按照一定规则将 8 支球队分成 4 组进行对阵，单场比赛决出晋级球队，一共有 4 场比赛。

在半决赛中，按照一定规则将 4 支球队分成 2 组进行对阵，单场比赛决出晋级球队，一共有 2 场比赛。

在决赛中，2 支在半决赛中获胜的球队进行冠亚军的角逐，其余 2 支球队则争夺第三名，一共有 2 场比赛。

所以淘汰赛一共进行了 $8+4+2+2=16$（场）比赛。因此，世界杯的小组赛和淘汰赛一共进行了 $48+16=64$（场）比赛。

最后，分析阿根廷队参加的比赛场数。小组赛参加 3 场，淘汰赛参加 4 场，一共 $4+3=7$（场）。而小冀可以看 $64\times\frac{1}{9}\approx7$（场），所以小冀能看完阿根廷队参与的所有比赛。

问题

04 条形码、二维码会被用完吗？

知识点：乘法原理

乐乐到超市购物，发现每一个商品背后都有一个条形码［图 3-4-1（a）］，它代表着一串由 0、1 组成的数字；当他购物结束准备结账的时候，又向收银员展示了付款的二维码［图 3-4-1（b）］，它同样代表着一串由 0、1 组成的数字。这些数字的背后，到底蕴含着什么规律？ 条形码和二维码会被用完吗？

(a)　　　　(b)

图 3-4-1

分析

条形码常出现于商品包装上，它通过不同宽度的黑色条纹和间隙，根据不同的排列规则来表达特定的字符信息。从发明至今，曾出现过多种类型的条形码，包括 UPC 条形码、EAN 条形码、Code 39 条形码、Code 128 条形码、交叉 25 条形码等。根据编码方式的不同，它们主要分为宽度调整编码和模块化组合编码。

交叉 25 条形码

我们这里简单介绍一下条形码中表达效率最高的交叉 25 条形码（图 3-4-2）。

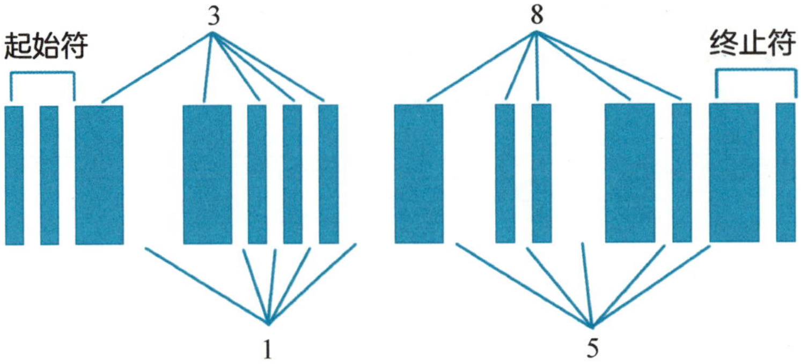

图 3-4-2

交叉 25 条形码起源于 20 世纪 60 年代的工业 25 码，主要应用于零售商品、仓储、图书馆等。其特点是条形码呈连续性，所有条与空都表示代码。其中，窄条代表 0，宽条代表 1。在起始符与终止符中间，每一个“2 个宽条+3 个窄条”的组合代表了一个数字。

如下表所示，十进制中的 0~9 分别可以用一种“2 个宽条+3 个窄条”的组合来表示。例如，数字 6 在条形码中表示为“窄宽宽窄窄”，对应的编码是“01100”。

字　符	编　码	字　符	编　码
0	00110	5	10100
1	10001	6	01100
2	01001	7	00011
3	11000	8	10010
4	00101	9	01010

二维码

为了克服条形码的不足，人们发明了二维码。 相较于一维的条形码，二维码可以存储更多的信息，信息量更大。如今，人们广泛使用的是由日本工程师原昌宏于 1994 年发明的 QR 二维码。以 25 × 25 的 QR 二维码为例，整个二维码矩阵包含了 625 个小格子。如果去掉位置探测图形、定位图形、校正图形等特定的功能元素，还剩下 478 个小格子可用来表示相关信息数据。

解答

通过上述实例可以看到，即便是密度最高的交叉 25 条形码，在有限的范围内，所能表示的字符组合也是非常有限的。相比之下，即便只是 25 × 25 的二维码，它有着 478 个可以用来表示信息的小格子，能生成的二维码总数为 $N = 2 \times 2 \times \cdots \times 2 = 2^{478}$（个）。

据估算，全球每天大约扫描 100 亿次二维码，这意味着全球一年的扫描量约为 36 500 亿次。计算可知，$2^{478} \div (36\,500 \times 10^8) \approx 2.14 \times 10^{131}$，这表明即使每一次扫码都是不同的，要消耗完所有的二维码组合大约需要 2.14×10^{131} 年。要知道，宇宙的寿命也才约 1.38×10^8 年，而二维码的总数是一个极大的数，不必担心会用尽。

问题 05

商家能否在弹球游戏中盈利？

知识点：二项式定理

爸爸带乐乐去游乐场玩游戏，乐乐被一个弹球游戏吸引了。抽奖的设备是一个类似三角形的容器，如图 3-5-1 所示，弹球从顶上的入口落下，中间会有很多柱子阻拦，最后弹球落到底部的 6 个凹槽中。每个凹槽对应的奖品价值有所不同，从左到右分别为 20 元、10 元、2 元、2 元、10 元、20 元。如果玩一次需要花费 10 元，那么从期望来看，商家能在弹球游戏中盈利吗？

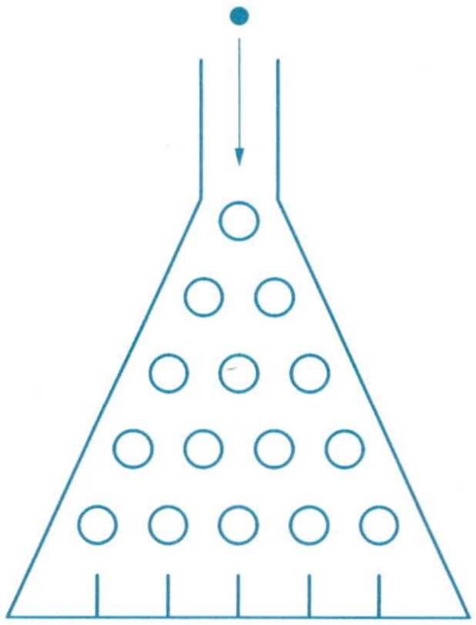

图 3-5-1

分析

当弹球从入口落下，遇到第一根柱子阻拦的时候，假设它等可能地从这根柱子的左边或者右边通过。对于第二行的两根柱子来说，弹球落入左右两侧各有 1 条路径；落入中间有 2 条路径，既可以由第一行的左侧落入，也可以由第一行的右侧落入。按此规律不难得到，弹球落到每一个间隔的方法数形成了一个数表，如图 3-5-2 所示。

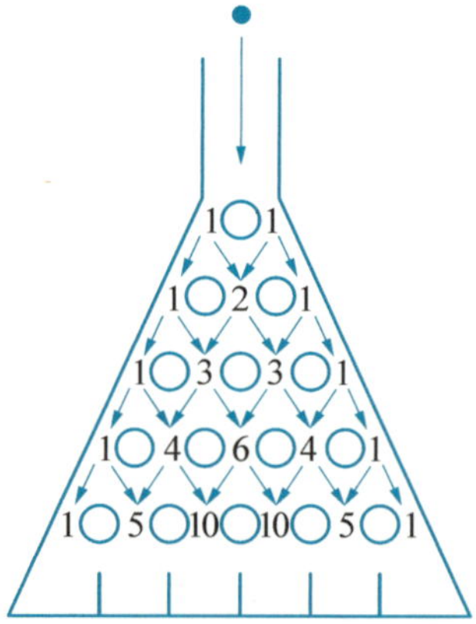

图 3-5-2

另一方面，对于任意的 a、b，都有

$$(a+b)^0=1$$
$$(a+b)^1=a+b$$
$$(a+b)^2=a^2+2ab+b^2$$
$$(a+b)^3=a^3+3a^2b+3ab^2+b^3$$
$$(a+b)^4=a^4+4a^3b+6a^2b^2+4ab^3+b^4$$
$$(a+b)^5=a^5+5a^4b+10a^3b^2+10a^2b^3+5ab^4+b^5$$

→

1

1 1

1 2 1

1 3 3 1

1 4 6 4 1

1 5 10 10 5 1

图 3-5-3

杨辉三角

不难发现代数式 $(a+b)^k$ $(k=0, 1, 2, 3, 4, 5)$ 的展开式的各项系数恰好与图 3-5-3 中的数表中的数字一样，而这个数表就是大名鼎鼎的**杨辉三角**。在欧洲，这个数表也叫做帕斯卡三角形。

通过观察可以发现，杨辉三角有以下特点：① 每一行的第一个数和最后一个数都是 1，且每行的数左右对称；② 每一行中，除了第一个数和最后一个数外，每一个数等于它“肩膀”上的两个数之和；③ 每一行中的数与二项式定理的展开式系数相吻合。

二项式定理

一般地，设 n 是正整数，代数式 $(a+b)^n$ 可展开为如下等式。

$$(a+b)^n=C_n^0a^n+C_n^1a^{n-1}b+C_n^2a^{n-2}b^2+\cdots+C_n^ra^{n-r}b^r+\cdots+C_n^nb^n \quad (*)$$

这个式子被称为**二项式定理**，由牛顿最先发现。

事实上，上面介绍的杨辉三角的前两个特点可以由组合数的性质来加以解释。

组合数的性质 1：$C_n^m=C_n^{n-m}$（其中 $C_n^0=C_n^n=1$），组合数的性质 2：$C_{n+1}^m=C_n^m+C_n^{m-1}$。

解答

我们可以通过计算每个凹槽落入弹球的概率，来判断商家能否在弹球游戏中盈利。

记 6 个凹槽从左到右依次为 A、B、C、D、E、F，落入各个凹槽的概率分别为 $P(\mathrm{A})$、$P(\mathrm{B})$、$P(\mathrm{C})$、$P(\mathrm{D})$、$P(\mathrm{E})$、$P(\mathrm{F})$。根据图 3-5-2 可知，小球落入凹槽的总的方法数是 $1+5+10+10+5+1=32$（种），故可算得

$P(\mathrm{A})=P(\mathrm{F})=\frac{1}{32}$，$P(\mathrm{B})=P(\mathrm{E})=\frac{5}{32}$，$P(\mathrm{C})=P(\mathrm{D})=\frac{10}{32}=\frac{5}{16}$。

顾客每玩一局游戏可以获得的期望收益为

$$\frac{1}{32}\times 20\times 2+\frac{5}{32}\times 10\times 2+\frac{5}{16}\times 2\times 2=\frac{45}{8}\text{（元）}<10\text{（元）}$$

所以从期望来看，商家能从弹球游戏中盈利。

问题 06

买彩票中一等奖的概率是多少？

知识点：古典概型

乐乐平时喜欢买“36 选 7”福利彩票，该彩票的抽奖规则是：先从 01 ~ 36 个号码球中一个一个地摇出 6 个基本号码，再从剩下的 30 个号球中摇出一个特别号码。对应的中奖等级如下表所示。

中奖等级	基本号码	特别号码	说明
一等奖	●●●●●●	★	选 7 中（6+1）
二等奖	●●●●●●		选 7 中（6）
三等奖	●●●●●○	★	选 7 中（5+1）
四等奖	●●●●●○		选 7 中（5）
五等奖	●●●●○○	★	选 7 中（4+1）
六等奖	●●●●○○		选 7 中（4）
	●●●○○○	★	选 7 中（3+1）

注：●为选中的基本号码；★为选中的特别号码；○为未选中的号码。

乐乐认为只花 2 块钱买一张彩票，就有了中几百万乃至几千万的巨额奖金的可能，这是非常有吸引力的。而且就算买一次不中奖，坚持买彩票，也终有一天会中奖，那么，买一张彩票中各个奖的概率，究竟有多大呢？如果乐乐每周买一张彩票，坚持一年（按 52 周算），则一年内能中一等奖的概率是多少？

分析

根据题意，从 01～36 这 36 个号码中任选 7 个不重复的号码组成一注，根据单注号码与中奖号码相符的个数来确定相应的中奖等级。我们可以用**古典概率模型**（古典概型）来分析这个问题。

古典概型

具有如下两个特点的概率模型称为**古典概型**：① 包含有限个可能出现的结果（基本事件）；② 这些结果的出现是等可能的。古典概型的公式为 $P(A)=\frac{|A|}{|\Omega|}$（其中 $|A|$ 表示事件 A 中的基本事件个数，而 $|\Omega|$ 表示样本空间中的基本事件个数）。除了古典概型，要解决这个问题，我们还需要了解一个概念——**独立事件**。

独立事件

两个事件 A 与 B 独立是指它们同时发生的概率等于它们各自发生的概率的乘积，即 $P(A\cap B)=P(A)P(B)$。我们可以利用独立事件的概率公式计算连续买一年彩票，都不中头奖的概率。

解答

利用组合数求各个中奖等级的获奖概率。获得一等奖：7 个号码全中，$P_1=\frac{1}{C_{36}^{6}\cdot C_{30}^{1}}=\frac{1}{58\ 433\ 760}\approx 1.711\ 3\times 10^{-8}$；获得二等奖：六个基本号码全中，特别号码未中，$P_2=\frac{C_{29}^{1}}{C_{36}^{6}\cdot C_{30}^{1}}=\frac{29}{58\ 433\ 760}\approx 4.962\ 9\times 10^{-7}$；同理可得，其余中奖等级的获奖概率如下表所示。

奖　项	概　率
三等奖	$P_3 \approx 2.977\ 7\times 10^{-6}$
四等奖	$P_4 \approx 8.337\ 6\times 10^{-5}$
五等奖	$P_5 \approx 1.042\ 2\times 10^{-4}$
六等奖	$P_6 \approx 0.004\ 1$

为了简化计算，不妨设每次提供 2×10^{-8}的中头奖的机会，每周开奖一次，且每周开奖是独立的。如果乐乐每周买一张彩票，坚持一年（按 52 周算），则一年内能中一等奖的概率是多少呢?

设 A_i 表示“第 i 次开奖没有中一等奖”，其中 $i=1$，2，3，…，52，则一年内从未中一等奖的概率是 $P(A_1\cap A_2\cap\cdots\cap A_{52})=P(A_1)P(A_2)\cdots P(A_{52})=(1-2\times 10^{-8})^{52}\approx 0.999\ 998\ 96$，所以一年内中一等奖的概率约为0.000 001 04。

可见，不管是买一张彩票，还是买一年彩票，中一等奖的概率都是极低的，所以我们平时购买彩票只能作为一种娱乐方式。

问题 07 抽签的先后次序对结果有影响吗？

知识点：古典概型

学校秋季运动会正如火如荼地开展，乐乐报名参加了 400 m 田径比赛（图 3-7-1）。学校体育场一共设有 8 条 400 m 标准环形跑道。这次比赛将采用依次随机抽签的方式确定道次，乐乐希望能抽中第四或第五条“黄金跑道”。有同学向他建议，先抽抽到“黄金跑道”的概率大，也有同学觉得先抽后抽没有影响。你认为哪种说法正确呢？

图 3-7-1

分析

抽跑道问题的本质即抽签问题，可以抽象成第 3 章问题 6 中的古典概率模型，利用古典概率模型中的概率计算公式，分别计算出不同的抽签次序下，抽到“黄金跑道”的概率，进而直观地判断出抽中“黄金跑道”的概率与抽签次序是否有关。

具体可以分三步进行：

1. 确定抽签结果的样本空间，验证其是否满足古典概率模型；

2. 分析不同的抽签次序下，抽中“黄金跑道”这一事件分别包含的样本数；

3. 利用古典概率模型中的概率计算公式，计算出每一个抽签次序下，抽中“黄金跑道”的概率，并比较大小。

解答

首先，我们知道，依次随机抽签，可能出现的所有结果是 8 个跑道的全排列，数量为 8!，每个结果出现的概率为 $\frac{1}{8!}$，即满足古典概型的条件：① 包含有限个可能出现的结果；② 这些结果的出现是等可能的。因此抽签确定跑道满足古典概率模型。

接下来，分析按第一至第八的次序抽签，抽中“黄金跑道”分别所包含的样本数。

设 A_i（$i=1, 2, \cdots, 8$）表示“排第 i 个”抽签，并抽中“黄金跑道”。$P(A_i)$ 表示其概率。

排第 1 个抽签，抽中“黄金跑道”，那么可能抽中第四或第五跑道。如果抽中第四跑道，则有 7! 个可能出现的结果；如果抽中第五跑道，同样也有 7! 个可能出现的结果，可得 $P(A_1)=\frac{2\times 7!}{8!}=\frac{1}{4}$。

排第 2 个抽签，可能的结果同样有 $2\times 7!$ 个，得 $P(A_2)=\frac{2\times 7!}{8!}=\frac{1}{4}$。

按照这种方法，当 $3\leqslant i\leqslant 8$ 时，排第 i 个抽签，抽中“黄金跑道”的结果均有 $2\times 7!$ 个，所以 $P(A_i)=\frac{2\times 7!}{8!}=\frac{1}{4}$。

因此可以确定，每一个抽签次序下，抽中“黄金跑道”的概率均为 $\frac{1}{4}$。

综上，不放回的随机抽签，无论乐乐是第几个抽签，他抽中“黄金跑道”的概率都是相同的，与抽签的次序无关。

问题

08 班级里至少有 2 人同月同日出生的概率有多大？

知识点：对立事件

乐乐班级举办 12 月生日会（图 3-8-1），他发现欢欢和维维是同月同日出生的！乐乐产生了疑问：这是巧合吗？我们班一共有 23 名同学，至少有 2 人同月同日出生的概率，究竟有多大？（假设每个人在每一天出生的概率是相同的，且一年按 365 天计算）

图 3-8-1

分析

概率是一个随机现象中某事件发生的可能性大小的一种度量，由第 3 章问题 6 我们知道，在古典概率模型中，事件 A 发生的概率 $P(A)=\dfrac{|A|}{|\Omega|}$，其中 $|A|$ 表示事件 A 中的基本事件个数，$|\Omega|$ 表示样本空间中的基本事件个数。

对立事件

“事件 A 发生”的否定就是“事件 A 不发生”，它也是一个事件，称为事件 A 的**对立事件**，记作 $\overline{A}$。对于任一给定事件 A，其发生的概率与不发生的概率的和为 1，即 $P(A)+P(\overline{A})=1$。

在这个问题中，可以先计算没有同学同月同日出生的概率 $P(\overline{A})$，再得到至少有 2 名同学同月同日出生的概率 $P(A)$。

以班级里只有 3 名同学为例，他们生日都不相同的概率为 $P(\overline{A_3})=\frac{|\overline{A_3}|}{|\Omega|}=\frac{365\times364\times363}{365\times365\times365}\approx0.9918$，则班内至少有 2 人同月同日出生的概率为 $P(A_3)=1-P(\overline{A_3})\approx0.0082$。

解答

用 $P(A_{23})$ 表示班级里 23 名同学至少有 2 个人同月同日出生的概率，$P(\overline{A_{23}})$ 表示班级里 23 名同学中没有 2 个人同月同日出生的概率。如果不考虑双胞胎、闰年等特殊情况，则 $P(A_{23})=1-P(\overline{A_{23}})=1-\frac{365\times364\times363\times\cdots\times(365-23+1)}{365^{23}}\approx0.5073$。

原来当一个班的人数达到 23 人时，至少有 2 人同月同日出生的概率就超过了 50%。那么如果一个班级里有 50 名同学，至少有 2 人同月同日出生的概率是多少呢？通过计算可以发现，概率居然高达 97%！是不是很不可思议呢？

问题

09 如何分配比赛奖金比较合理？

知识点：概率论起源

天天、欢欢在进行一场三局两胜的国际象棋比赛（图 3-9-1），最终胜者可以赢得 100 元奖金。第一局比赛天天获胜，但因为临时有事他们不得不终止比赛，若两人的水平不相上下，请问：如何分 100 元奖金比较合理呢？

图 3-9-1

分析

在上述问题中，由于比赛并未完全结束，因此不能简单地根据当前比赛的结果来分配奖金。17 世纪中期，法国数学家、物理学家帕斯卡也遇到过类似的问题。贵族公子梅累向帕斯卡提出了一个关于赌博分奖金的有趣问题。这个问题和上述问题类似：两个赌徒在赌博过程中因故中断，如何公平地分配赌金。梅累提出的这个问题引发了帕斯卡的深思，他与他的朋友们（包括数学家费马）进行了广泛的讨论。

最终，他们成功地找到了解决这个问题的方法，即先计算如果比赛继续进行，每个赌徒赢得赌局的概率，再按比例来分配赌金。这种分配方法确保了公平性，后来成为概率论中的一个重要原则。费马和帕斯卡对这个问题的讨论可以认为是概率论的起源。

根据三局两胜的规则，天天只要赢得第二局，或者第二局输第三局胜，他就能获得最终胜利。利用**概率的可加性**可得，天天最终获胜的概率是两种情况的概率之和。而欢欢获胜的概率就是 1 减去天天获胜的概率。

概率的可加性

两个不可能同时发生的事件至少有一个发生的概率是这两个事件发生的概率之和。换言之，如果 $A \cap B = \varnothing$，那么 $P(A \cup B) = P(A) + P(B)$。

类似地，对于多个事件，这个性质同样存在。

解答

设 X 表示事件“天天最终获胜”，X_n 表示事件“第 n 局天天胜”，$\overline{X_n}$ 表示事件“第 n 局天天输”；Y 表示事件“欢欢最终获胜”，Y_n 表示事件“第 n 局欢欢胜”，则

$$P(X) = P(X_2) + P(\overline{X_2}) \cdot P(X_3) = \frac{1}{2} + \frac{1}{2} \times \frac{1}{2} = \frac{3}{4}$$

$$P(Y) = 1 - P(X) = \frac{1}{4}$$

我们也可以直接计算欢欢最终获胜的概率，欢欢必须剩余两局都获胜，才能赢得比赛。根据题意，假设每一局比赛的胜负是独立的，因此我们可利用第 3 章问题 6 中独立事件的性质：若两个事件 A 与 B 相互独立，则它们同时发生的概率 $P(A \cap B)$ 等于它们各自发生的概率的乘积 $P(A)P(B)$。

$$P(Y) = P(Y_2) \cdot P(Y_3) = \frac{1}{2} \times \frac{1}{2} = \frac{1}{4}$$

根据获胜概率，天天和欢欢应该按照 3 : 1 来分奖金比较合理，即天天拿 75 元，欢欢拿 25 元。

在日常生活中，经常会遇到各种各样的随机事件，概率论提供了一种量化不确定性和做出推断的方法，可以帮助我们更好地估计这些事件发生的概率，从而做出更合理的选择。

问题 10 为什么明明是“小概率事件”①却还是发生了?

知识点：伯努利试验

这周，天气预报显示每天下雨的概率只有 20%（图 3-10-1）。于是妈妈说：“既然下雨的概率这么低，正好每天上班之前可以把换季的衣服洗了拿出去晒晒，晚上下班回家再收回来。”

7日(周一)	8日(周二)	9日(周三)	10日(周四)	11日(周五)	12日(周六)	13日(周日)
20%	20%	20%	20%	20%	20%	20%
34℃/23℃	35℃/25℃	34℃/24℃	33℃/25℃	35℃/23℃	36℃/25℃	36℃/25℃
<3级	<3级	<3级	<3级	<3级	<3级	<3级

图 3-10-1

乐乐正好在课外书里学过了概率，他告诉妈妈：“这可不行，虽然每天下雨的概率很低，但至少有一天下雨的概率还是很高的。为了避免衣服被打湿，妈妈你还是在洗衣机里烘干吧。”妈妈对乐乐的话半信半疑，果不其然，这周的第 3 天就下雨了。这究竟是巧合呢，还是乐乐的话有科学道理呢？

分析

类似的场景在现实生活中其实还有很多，有的同学可能会把原因归为巧合或

① 这里，“小概率事件”加上了引号，因为严格来说，概率很接近于 0 的事件才是小概率事件。

者运气，但是真的是这样吗？ 我们不妨从概率论的角度进行分析。前面我们学习了古典概率模型，这里出现了一种新的概率模型——**伯努利概型**，对应的随机试验叫做**伯努利试验**。

伯努利试验

如果一个随机试验只有两种可能的结果，一个是“成功”，概率是 p $(0<p<1)$；另一个是“失败”，概率是 $1-p$，那么这个随机试验就是伯努利试验。

如果独立地重复一个成功概率为 p $(0<p<1)$ 的伯努利试验 n 次，根据独立事件的乘法公式可知，n 次都失败的概率为 $(1-p)^n$，从而得到至少有 1 次成功的概率为 $1-(1-p)^n$。

解答

为了简化问题，我们这里将每天下雨与否看成是独立、重复的伯努利试验。如果假设每天下雨的概率都为 p，则 1 天不下雨的概率为 $1-p$，n 天不下雨的概率为 $(1-p)^n$，至少有 1 天下雨的概率为 $1-(1-p)^n$，如下表所示。

天　数	每天都不下雨	至少有 1 天下雨
1	$1-p$	p
7	$(1-p)^7$	$1-(1-p)^7$
100	$(1-p)^{100}$	$1-(1-p)^{100}$
n	$(1-p)^n$	$1-(1-p)^n$

当 $p=0.2$ 时，上述表格中第 3 列的结果如下表所示。

天　数	至少有 1 天下雨
1	0.2
7	0.79
100	0.999 999 999 7
n	$1-0.8^n$

由以上数据可知，当每天下雨的概率为 20%时，7 天中至少有 1 天下雨的概率达到了 79%，看来乐乐的话是有科学道理的。另外可以看到，随着天数 n 增加，至少有 1 天下雨的概率越来越大，而且无限趋近于 1。我们也可以这样说，哪怕是一个小概率事件，只要重复地做，也总有一天会发生。

问题 11

五局三胜与三局两胜，哪种方式对胜率低的人更有利？

知识点：概率可加性

年年和小思从小就在一个俱乐部学习乒乓球，实力接近。两人经常在一起切磋球技（图 3-11-1），在与小思对局时，年年在每局比赛中的实际胜率约为 45%。现在要从他们两人中选出一人代表俱乐部参加全国比赛，小思提出采取五局三胜或者三局两胜赛制，正式地来比一场，获胜的人可以去参加比赛。如果年年想获胜，他应该怎么选呢？（假设每局比赛之间的结果相互不影响）

图 3-11-1

分析

根据题意，当采取三局两胜赛制时，年年至少赢得两局能获胜；当采取五局三胜的赛制时，年年至少赢得三局才能获胜。我们可以利用事件的独立性和概率的可加性的相关公式进行计算。

解答

设单局比赛年年获胜的概率为 p，采取三局两胜的赛制时年年获胜的概率为 P_1，采取五局三胜的赛制时，年年最终获胜的概率为 P_2。

首先讨论三局两胜赛制下年年获胜所包含的基本事件。

基本事件 1：赛两局结束，那么年年必须两局都赢。因为两局比赛的结果相互独立，利用事件的独立性公式，基本事件 1 发生的概率为 $P^2 = 0.45^2 = 0.2025$。

基本事件 2：赛三局结束，那么年年第三局必须赢，且前两局中赢一局。由于三局比赛的结果相互独立，利用事件的独立性，以及概率的可加性，可得基本事件 2 发生的概率为 $C_2^1 p^2 (1-p) = 2 \times 0.45^2 \times 0.55 = 0.22275$。

年年获胜即这两个基本事件至少有一个发生，因为基本事件 1、2 不会同时发生，利用概率的可加性，三局两胜赛制下年年获胜的概率为两个基本事件发生的概率之和：

$$P_1 = 0.2025 + 0.22275 = 0.42525$$

同理，五局三胜赛制下年年获胜，其所包含的基本事件如下。

基本事件 1：赛三局结束，那么年年三局都要赢，则概率为 $p^3 = 0.45^3 = 0.091125$。

基本事件 2：赛四局结束，那么最后一局必须是年年赢，且前三局中年年恰好赢两局，概率为 $C_3^2 p^3 (1-p) = 3 \times 0.45^3 \times 0.55 = 0.15035625$。

基本事件 3：赛五局结束，那么最后一局必须是年年赢，且前四局中年年恰好赢两局。概率为 $C_4^2 p^3 (1-p)^2 = 6 \times 0.45^3 \times 0.55^2 = 0.165391875$。

年年获胜即这三个基本事件至少有一个发生，因为基本事件 1、2、3 不会同时发生，利用概率的可加性，五局三胜赛制下年年获胜的概率为三个基本事件发生的概率之和：

$$P_2 = 0.091125 + 0.15035625 + 0.165391875 \approx 0.4069$$

比较两种赛制下年年获胜概率的大小，可得 $P_1 > P_2$，故如果年年想获胜，他应该选择三局两胜赛制。

问题

12 书在乐乐手中的可能性有多大?

知识点：递推公式

大课间，乐乐、欢欢、维维、嘉嘉玩“击鼓传花”的游戏（图 3-12-1），四人互相传书，第 1 次由乐乐将书传出，每次传书，传书者都等可能地将书传给另外三人中的任何一个。快上课的时候正好经过了 10 次传书，此时书在乐乐手中的概率有多大?

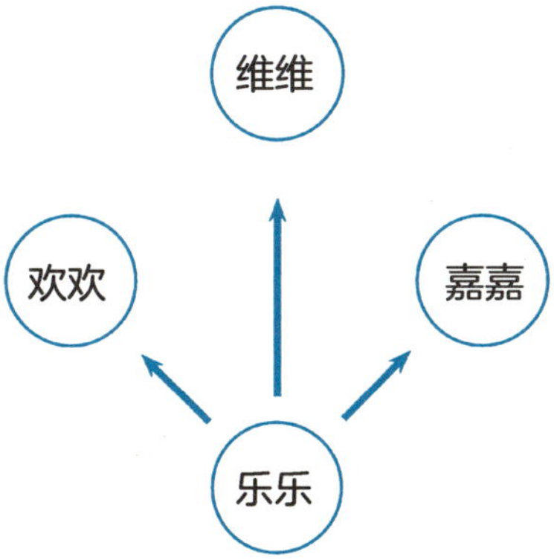

图 3-12-1

分析

不妨考虑用递推关系分析问题，如果第 n 次传书后书在乐乐手中，那么第（$n-1$）次一定不在乐乐手中。设第 n 次传书后，书在乐乐手中的概率为 p_n；第（$n-1$）次传书后，书在乐乐手中的概率为 p_{n-1}。第（$n-1$）次传书后，“书在乐乐手中”这一事件与“书不在乐乐手中”这一事件为对立事件，由对立事件的概率公式，可知“书不在乐乐手中”的概率为 $1-p_{n-1}$。下一次书从欢欢、维维、嘉嘉三人中任何一人的手中传给乐乐的概率为 $\frac{1}{3}(1-p_{n-1})$，从而可以得到递推关系。

解答

根据上述分析，有 $p_n = \frac{1}{3}(1 - p_{n-1}) = -\frac{1}{3}p_{n-1} + \frac{1}{3}$ $(n \geqslant 2)$，$p_1 = 0$。

设 $p_n + x = -\frac{1}{3}(p_{n-1} + x)$，则 $p_n = -\frac{1}{3}p_{n-1} - \frac{4}{3}x$，所以 $\frac{1}{3} = -\frac{4}{3}x$，$x = -\frac{1}{4}$。

所以 $p_n - \frac{1}{4} = -\frac{1}{3}\left(p_{n-1} - \frac{1}{4}\right)$，又 $p_1 - \frac{1}{4} = -\frac{1}{4}$，

所以数列 $\left\{p_n - \frac{1}{4}\right\}$ 是以 $p_1 - \frac{1}{4} = -\frac{1}{4}$ 为首项、$-\frac{1}{3}$ 为公比的等比数列。

即 $p_n - \frac{1}{4} = -\frac{1}{4} \times \left(-\frac{1}{3}\right)^{n-1}$，可得 $p_n = \frac{1}{4}\left[1 - \left(-\frac{1}{3}\right)^{n-1}\right]$。

所以 $p_{10} = \frac{1}{4} \times \left[1 - \left(-\frac{1}{3}\right)^{9}\right] = \frac{4\,921}{19\,683} \approx 0.25$。

综上，经过 10 次传书后，书在乐乐手中的概率约为 0.25。可以看到，传书的次数越多，书在乐乐手中的概率越接近 $\frac{1}{4}$。事实上，传书的次数越多，书在每个人手中的概率越均等。

问题

13 更换选择更可能赢得大奖吗？

知识点：条件概率

在一档综艺节目中，参与者可以从三扇门中选择一扇（图 3-13-1）。其中，有一扇门后面有汽车大奖，而另外两扇门后面各有一只山羊。爸爸问乐乐：“假设你选定了一扇门，在打开门之前，主持人按照流程打开了一扇后面是山羊的门，那么你会更换你的选择吗？”你认为乐乐应该更换选择吗？

图 3-13-1

分析

这个问题是说，更换选择是否能够增加赢得汽车的概率。在这里不妨先用列举的方法试试看，将换门与不换门两种决策下中得汽车大奖的概率进行比较。

不妨设门 1 后是山羊甲，门 2 后是山羊乙，门 3 后是汽车，将各种情况列表如下：

	门 1（山羊甲）	门 2（山羊乙）	门 3（汽车）	换门的结果	不换门的结果
情形 1	第一次选中	主持人打开		中奖	未中奖
情形 2	主持人打开	第一次选中		中奖	未中奖
情形 3	主持人打开其中之一		第一次选中	未中奖	中奖

由此可知，如果不改变决策，主持人开门与否对乐乐的中奖概率不产生影响，始终为 $\frac{1}{3}$；若乐乐改变决策，选择换门，则中奖的概率为 $\frac{2}{3}$。可见乐乐选择换门会增大中奖概率。

这样的方法略显烦琐，其实我们还可以借助条件概率的计算，来完成分析。

条件概率

一般地，设 A，B 为两个随机事件，则称 $P(B|A)$ 为事件 A 发生的条件下，事件 B 发生的概率，简称条件概率。

条件概率的计算公式如下：$P(B|A)=\frac{P(A\cap B)}{P(A)}$，其中 $P(A)$ 表示事件 A 发生的概率；$P(A\cap B)$ 表示事件 A，B 同时发生的概率。

解答

首先，把“乐乐第一次选择的门后是汽车”记作事件 A，“乐乐第一次选择的门后是山羊”记作事件 $\overline{A}$，“乐乐换门能赢得汽车”记作事件 B，“乐乐不换门能赢得汽车”记作事件 C。接下来比较 $P(B)$ 和 $P(C)$ 的大小。

$$\begin{aligned}P(B)&=P(B\cap A)+P(B\cap \overline{A})\\&=P(A)\cdot P(B|A)+P(\overline{A})\cdot P(B|\overline{A})\\&=\frac{1}{3}\times 0+\frac{2}{3}\times 1=\frac{2}{3}\end{aligned}$$

$$\begin{aligned}P(C)&=P(C\cap A)+P(C\cap \overline{A})\\&=P(A)\cdot P(C|A)+P(\overline{A})\cdot P(C|\overline{A})=\frac{1}{3}\times 1+\frac{2}{3}\times 0=\frac{1}{3}\end{aligned}$$

所以 $P(B)>P(C)$，即乐乐选择换门会提高中奖概率。

当然，我们也可以把问题进行拓展，研究“n 门问题”。

$$
\begin{aligned}
P(B) &= P(B\cap A)+P(B\cap \overline{A})\\
&= P(A)\cdot P(B\mid A)+P(\overline{A})\cdot P(B\mid \overline{A})\\
&= \frac{1}{n}\times 0+\frac{n-1}{n}\times\frac{1}{n-2}=\frac{n-1}{n(n-2)}
\end{aligned}
$$

$$
\begin{aligned}
P(C) &= P(C\cap A)+P(C\cap \overline{A})\\
&= P(A)\cdot P(C\mid A)+P(\overline{A})\cdot P(C\mid \overline{A})\\
&= \frac{1}{n}\times 1+\frac{n-1}{n}\times 0=\frac{1}{n}
\end{aligned}
$$

则$P(B)-P(C)=\frac{n-1}{n(n-2)}-\frac{1}{n}=\frac{1}{n(n-2)}$。当$n>2$时，$P(B)>P(C)$，即更换选择总会提高中奖概率。

你知道吗？就连匈牙利著名数学家埃尔德什，也曾在这个问题上栽过跟头。由此可见，我们在决策时，不能仅凭直觉，而应充分考虑新信息对概率的影响。即使初步看起来平等的选择，在获取额外信息后，概率也可能发生变化。

问题

14 李老师迟到的可能性有多大？

知识点：全概率公式

有一天早上，李老师出发去学校，与往常一样，李老师出发时首选自行车，如果发现自行车有故障再选择出租车（图 3-14-1）。根据以往的经验，李老师骑自行车并迟到的概率是 0.05，乘出租车并迟到的概率是 0.5。若自行车有故障的概率是 0.01，则李老师迟到的可能性有多大呢？

图 3-14-1

分析

李老师去学校有两种交通工具可供选择，因此李老师迟到这件事可以看作在选择骑自行车和乘出租车两种情况下分别发生的。因此首先可以把李老师迟到这件事拆分成骑自行车的条件下迟到和乘出租车的条件下迟到两种情况，然后利用全概率公式计算总的概率即可。

全概率公式

设某个随机试验的结果可以分成 n 种情况，即样本空间 Ω 可分成 n 个两两互斥的事件 Ω_1，Ω_2，…，Ω_n，并且一个事件 A 的发生可以看作在不同情况下分别

发生的，由此得到**全概率公式** $P(A)=\sum_{i=1}^{n}P(A|\Omega_i)P(\Omega_i)$。

解答

设事件 A 表示“自行车有故障”，事件 $\overline{A}$ 表示“自行车无故障”，事件 B 表示“李老师迟到”。则有 $P(A)=0.01$，$P(B|\overline{A})=0.05$，$P(B|A)=0.5$。

代入全概率公式计算可得李老师迟到的可能性为

$P(B)=P(A)P(B|A)+P(\overline{A})P(B|\overline{A})=0.01\times0.5+0.99\times0.05=0.0545$

因此李老师迟到的可能性为 0.054 5。

我们再回顾一下问题，李老师骑自行车并迟到的概率是 0.05，乘出租车并迟到的概率是 0.5，这是根据以往的经验得到的，叫做先验概率。现在李老师迟到可能是骑自行车，也可能是乘出租车，因此需要同时考虑两种情况下迟到的概率。事实上，李老师迟到的概率是条件概率 $P(B|A)$ 和 $P(B|\overline{A})$ 的加权平均，权重分别为 $P(A)$ 和 $P(\overline{A})$。全概率公式是计算概率的一种常用方法。

问题

15 为什么投针实验能估计圆周率？

知识点：几何概型

乐乐在书本上看到了法国数学家蒲丰做的投针实验，十分感兴趣，于是邀请了四个朋友一起进行该实验。如图 3-15-1 所示，乐乐准备了一张画满了等间距的平行线的纸，相邻平行线的间距为 8 cm，大家将长度为 4 cm 的针随机地扔到纸上，然后统计针与平行线相交的次数。

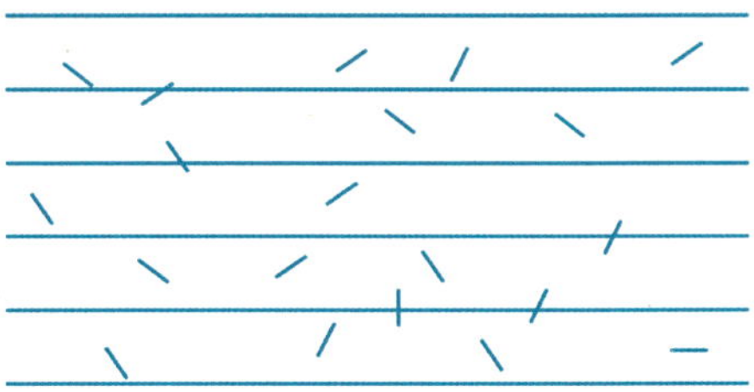

图 3-15-1

如下表所示，乐乐和朋友观察到当数量越来越多时，投针次数与相交次数的比值越来越接近圆周率，这是为什么呢？

投针次数 N	相交次数 n	$\frac{N}{n}$
500	153	3.268 0
1 000	309	3.236 2
1 500	468	3.205 1
2 000	629	3.179 7
2 500	789	3.168 6

分析

18 世纪法国数学家蒲丰提出：设有一块由平行且等距的木纹铺成的地板，随意抛一根长度比木纹之间距离小的针，求针和其中一条木纹相交的概率。利用这一随机投针法，蒲丰提出了一种计算圆周率的方法。

对于该问题，可以建立几何概型。通过计算样本空间及事件“针与平行线相交”对应的区域的面积，可求得长度为平行线间距一半的针与平行线相交的概率为 $\frac{1}{\pi}$。

几何概型

如果每个事件发生的概率只与构成该事件区域的长度（面积或体积或度数）成比例，则称这样的概率模型为**几何概率模型**，简称**几何概型**。对于该模型，事件 A 发生的概率 $P(A)=\frac{\text{构成事件}A\text{的区域长度（面积或体积或度数）}}{\text{试验样本空间的区域长度（面积或体积或度数）}}=\frac{m(A)}{m(\Omega)}$。

设 n 为相交次数，N 为投针次数，得出 $\frac{n}{N}$ 为针与平行线相交的频率，根据伯努利大数定律，当 n 足够大时，频率与概率 P 近似，即 $\frac{n}{N}\approx P=\frac{1}{\pi}$。

伯努利大数定律

独立地重复一个伯努利试验 n 次，当 n 很大时，频率逼近于概率。

解答

如图 3-15-2 所示，把等间距的平行线的间距设为 a，针长设为 l（$l \leqslant a$），x 为针的中点 P 到最近的一条平行线的距离，针与平行线某一方向的夹角为 θ，记“针与任一平行线相交”为事件 A，可以求出事件 A 发生的概率 $P(A)$。

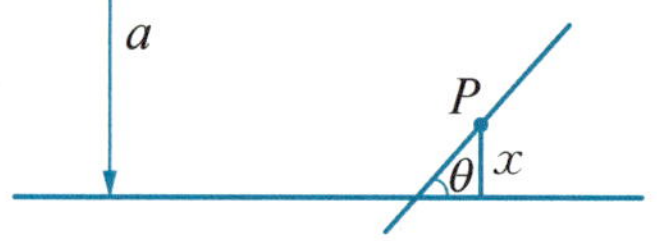

图 3-15-2

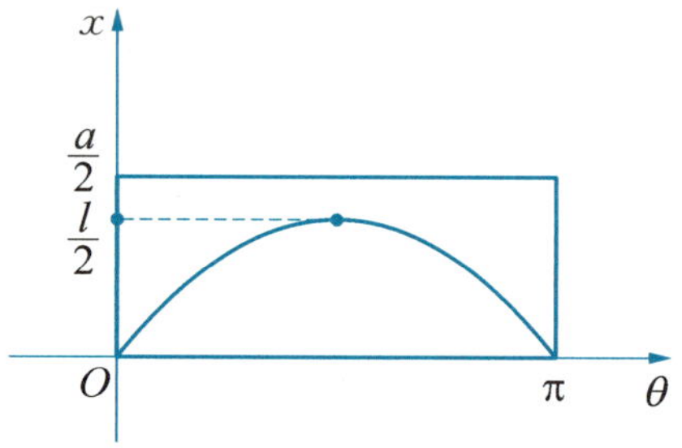

图 3-15-3

投针试验的样本空间为 $\Omega=\left\{(x,\ \theta)\ \middle|\ 0\leqslant x\leqslant \frac{a}{2},\ 0\leqslant\theta\leqslant\pi\right\}$，事件 A 发生等价于 $x\leqslant\frac{l\cdot\sin\theta}{2}$，因此事件 A 对应的区域为 $A=\left\{(x,\ \theta)\ \middle|\ 0\leqslant x\leqslant\frac{l\cdot\sin\theta}{2},\ 0\leqslant\theta\leqslant\pi\right\}$，如图 3-15-3 所示。

借助平面几何知识与微积分知识可分别求得两区域的面积，根据几何概型中的概率计算公式可知 $P(A)=\frac{m(A)}{m(\Omega)}=\frac{2l}{\pi a}$。

根据伯努利大数定律，当投针次数足够大时，频率逼近于概率。设 n 为相交次数，N 为投针次数，得出 $\frac{n}{N}\approx P=\frac{2l}{\pi a}$，所以 $\pi\approx\frac{2lN}{an}$，且随着试验次数的增多，频率会越来越接近概率。

因为针的长度 l 是 4 cm，平行线之间的间距 a 为 8 cm，所以 $\pi\approx\frac{N}{n}$，这也就

是为什么在乐乐的实验中，随着实验次数增加，投针次数与相交次数的比值越来越接近圆周率。

当然，要想得到更精确的估计值，应增加实验次数，而这对时间与精力的耗费较大，随着计算机技术的进步和仿真技术的发展，人们常常用蒙特卡罗方法对投针实验进行模拟，你也可以进行尝试哦！

问题

16 公司应该如何分配奖金？

知识点：百分位数

乐乐的大伯是一名卓越的企业家，凭借一己之力创办了公司，专注于装修业务。他深知员工是公司最宝贵的财富，因此想要制订一套公平、公正的奖励制度，旨在激发员工的潜力，共同推动公司的发展。

乐乐的大伯对奖金的分配有以下两个要求：

① 为了鼓励员工提升自己，争取更好的成绩，要保证公司里 85% 的员工能得到分红；

② 而对于表现优异的员工小组，他们将获得更高的分红，以此激励他们继续保持积极的工作状态，所以计划选出 20% 的小组成为优秀小组，该小组的每一位成员都可以得到额外的分红。

以下是该公司随机抽取的 30 个小组的年项目总金额（单位：万元）。

70，280，120，180，120，150，230，200，110，80，
100，120，420，340，290，300，220，510，380，70，
120，390，430，90，90，100，230，340，230，240。

你知道哪些小组可以获得分红吗？哪些小组可以获得额外分红？

分析

可以根据每个小组的年项目总金额设定奖金的分界线。基本奖金的分界线即第 15 百分位数，优秀小组的分界线即第 80 百分位数。这里所涉及的知识点包括百分位数的概念以及计算百分位数的方法。

第 k 百分位数

第 k 百分位数（k 为 1～100 之间的整数）是指符合以下条件的数：将一组数据按从小到大的顺序排列后，可以将数据分成两部分，其中小于或等于第 k 百分位数的数据至少占 $k\%$，大于或等于第 k 百分位数的数据至少占（$100-k$）%。

计算第 k 百分位数的方法：首先将数据按从小到大的顺序进行排列，然后计算指数 $i = n \cdot k\%$（n 为数据量），此时

① 若 i 是整数，则第 k 百分位数是第 i 项与第 $i+1$ 项数据的平均值；

② 若 i 不是整数，则将 i 向上取整，得到的数即为第 k 百分位数。

解答

先将以上 30 个数据按从小到大的顺序进行排列：

70，70，80，90，90，100，100，110，120，120，120，120，150，180，200，220，230，230，230，240，280，290，300，340，340，380，390，420，430，510

对于第一个要求，要让 85% 的员工得到分红，即求第 15 百分位数，此时 $i = 30 \times 15\% = 4.5$，所以应该向上取整，即取第 5 位数据 90。因此当小组的年项目总金额大于等于 90 万元时，就能获得分红。

对于第二个要求，要选出 20% 的小组成为优秀小组，即求第 80 百分位数，此时 $i = 30 \times 80\% = 24$，所以应该取第 24 项与第 25 项数据的平均值：$\frac{340+340}{2} = 340$。因此当小组的年项目总金额大于等于 340 万元时，能获得额外的分红。

在这个问题中，通过百分位数的计算来估计数据的临界值，以此解决分奖金问题。除此之外，在市场调查和社会研究中，百分位数被用来表示各个选项的选择比例，从而了解不同人群的倾向和意见；在人口统计中，百分位数被用来表示不同属性的人口比例，例如男女比例、不同年龄段的人口比例等，政府部门和研究机构也使用百分位数来报告各种经济和社会指标。

问题 17

应该选择哪个理财产品？

知识点：数学期望

乐乐爸爸准备用 10 000 元投资理财产品，他在网上统计了几种理财产品过去几年的表现之后得到以下信息。

理财产品	年收益率	占该类产品的比例
A	+3.5%	1.0
B	+300%	0.05
	-70%	0.1
	-100%	0.85
C	+8.0%	0.7
	-3.0%	0.3
F	+40%	0.2
	+10%	0.6
	-40%	0.2
G	+20%	0.2
	+10%	0.6
	-20%	0.2

如果乐乐爸爸想获得较高的期望收益，同时承担较小的风险，那么他应该如何选择呢？

分析

大部分产品的年收益率都是不确定的，但是如果把过去几年的统计信息当成各种收益结果的可能性，这时候就可以使用数学期望来作为一个相对确定的衡量指标，其分布的偏离程度可以用方差来衡量。而要确定这两个指标，需要借助**随机变量的分布列**。

随机变量的分布列

随机变量所有可能的取值 x_1，x_2，…，x_n 为互异的实数，相应的概率 p_1，p_2，…，p_n 为非负数，记为 $\begin{pmatrix} x_1 & x_2 & \cdots & x_n \\ p_1 & p_2 & \cdots & p_n \end{pmatrix}$，叫做**随机变量的分布列**。

随机变量的数学期望

把概率作为权重，对随机变量的相应取值进行加权平均后所得到的值，叫做**随机变量的数学期望**，简称**期望**，记为 $E[X] = x_1p_1 + x_2p_2 + \cdots + x_np_n$。

随机变量的方差

把概率作为权重，对随机变量的相应取值与其期望的偏差的平方进行加权平均后所得到的值，叫做**随机变量的方差**，记为 $D[X] = (x_1 - E[X])^2p_1 + (x_2 - E[X])^2p_2 + \cdots + (x_n - E[X])^2p_n$。

解答

将单个理财产品中的年收益率作为随机变量，每个年收益率对应该产品的占比作为随机变量对应的概率。

产品 A 的分布列：$\begin{pmatrix} +3.5\% \\ 1 \end{pmatrix}$，

产品 B 的分布列：$\begin{pmatrix} +300\% & -70\% & -100\% \\ 0.05 & 0.1 & 0.85 \end{pmatrix}$，

产品 C 的分布列：$\begin{pmatrix} +8\% & -3\% \\ 0.7 & 0.3 \end{pmatrix}$，

产品 F 的分布列：$\begin{pmatrix} +40\% & +10\% & -40\% \\ 0.2 & 0.6 & 0.2 \end{pmatrix}$，

产品 G 的分布列：$\begin{pmatrix} +20\% & +10\% & -20\% \\ 0.2 & 0.6 & 0.2 \end{pmatrix}$，

应用期望的计算公式可以得到上面各种产品的年收益率期望值：

$E[\mathrm{A}] = 3.5\% \times 1 = 3.5\%$，

$E[\mathrm{B}] = 300\% \times 0.05 - 70\% \times 0.1 - 100\% \times 0.85 = -77\%$，

$E[\mathrm{C}] = 8\% \times 0.7 - 3\% \times 0.3 = 4.7\%$，

$E[\mathrm{F}] = 40\% \times 0.2 + 10\% \times 0.6 - 40\% \times 0.2 = 6\%$，

$E[\mathrm{G}] = 20\% \times 0.2 + 10\% \times 0.6 - 20\% \times 0.2 = 6\%$。

通过对比可知，产品 F 和产品 G 的年收益率期望值是所有产品中最高的，乐乐购买这两个产品能大概率获得较高的年收益率，而产品 F 和产品 G 的年收益率的分布不同，分散程度有差异，因而两个产品对应的风险可能不同，我们可以比较两个产品的年收益率期望值的离散程度。

$D[\mathrm{F}] = (40\% - 6\%)^2 \times 0.2 + (10\% - 6\%)^2 \times 0.6 + (-40\% - 6\%)^2 \times 0.2 = 664\%$，

$D[\mathrm{G}] = (20\% - 6\%)^2 \times 0.2 + (10\% - 6\%)^2 \times 0.6 + (-20\% - 6\%)^2 \times 0.2 = 184\%$。

相较而言，产品 F 的离散程度较大，投资后可能赚得多，也可能亏得多，而产品 G 的离散程度较小，对应的投资风险也较小，所以乐乐爸爸应该选择产品 G 进行投资。

在选择理财产品时，不能只看到被有意或无意加工后传播的高收益，而应该看到更多可能的结果再进行决策。数学期望与方差也可以应用到各种生活场景中，虽然很多生活场景都无法做精确的计算，甚至连估算都很难，但是这些概念能提供一个科学的决策思路。

问题

18

人的身高与体重有相关性吗？

知识点：线性相关性

乐乐班级刚进行完身高、体重的测量，其中部分男生和女生的测量结果如下表所示。乐乐发现，不管是男生还是女生，一般来说，个子高的人体重会更重。乐乐很好奇：能否用量化的方式对这一现象进行进一步分析？

性　别	身高/cm	体重/kg	性　别	身高/cm	体重/kg
男	165	54	女	152	46
男	172	64	女	154	50
男	173	75	女	156	51
男	174	56	女	159	49
男	175	63	女	161	53
男	177	75	女	163	60
男	179	78	女	164	63
男	181	80	女	165	64

分析

在统计活动中，常常需要研究来自同一对象的两个相关变量构成的两组数据之间的关系。例如，在这个问题中，需要研究人的身高与体重之间的关系。为此，乐乐想借助他班级里同学们的身高与体重的数据来进行研究。像这样，来自同一对象的两组数据称为**成对数据**，研究成对数据相关性的方法称为**相关分析**。如果将成对数据绘制成散点图后可以用一条直线进行拟合，那么就称这些成对数据具有**线性相关性**。

设由变量 x 与 y 获得的两组数据分别为 x_i 和 y_i（$i=1, 2, 3, \cdots, n$），其对应关系如下表所示。

变量 x	x_1	x_2	x_3	$\cdots$	x_n
变量 y	y_1	y_2	y_3	$\cdots$	y_n

为了描述变量 x 与 y 之间的线性相关程度，需要用到一个概念：**线性相关系数**（通常简称为**相关系数**，也称为**皮尔逊相关系数**），其计算公式如下。

$$r=\frac{\sum_{i=1}^{n}(x_i-\bar{x})(y_i-\bar{y})}{\sqrt{\sum_{i=1}^{n}(x_i-\bar{x})^2\sum_{i=1}^{n}(y_i-\bar{y})^2}} \qquad ①$$

式中，$\bar{x}=\frac{1}{n}\sum_{i=1}^{n}x_i$，$\bar{y}=\frac{1}{n}\sum_{i=1}^{n}y_i$ 分别为两组数据的算术平均数。

注：① $\sum$ 为求和符号，例如 $\sum_{i=1}^{n}a_i=a_1+a_2+\cdots+a_n$。

② 相关系数 r 也可以用一些具有统计功能的计算器或软件直接进行计算。

可以证明，相关系数 r 的值满足 $|r|\leqslant 1$，而且 $|r|$ 越接近 1，两个变量的线性相关程度越高；$|r|$ 越接近 0，两个变量的线性相关程度越低。另外，当 $r>0$ 时，称为正相关，此时随着 x 的值由小变大，y 的值具有由小变大的变化趋势；当 $r<0$ 时，称为负相关，此时随着 x 的值由小变大，y 的值具有由大变小的变化趋势。

解答

将身高记作变量 x，将体重记作变量 y，并把相应数据绘制成散点图，如图

3-18-1 所示。

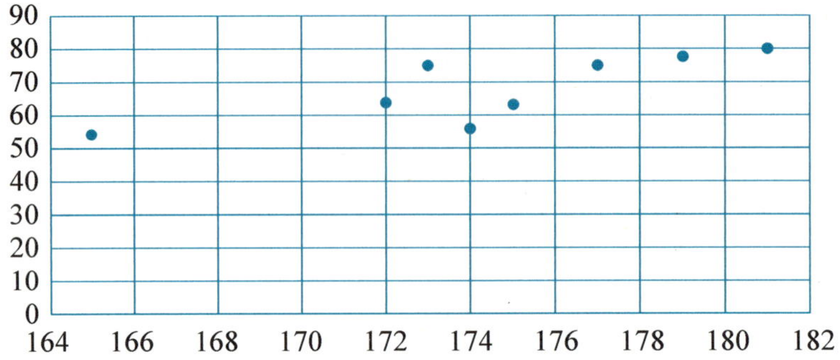

(a) 男生身高与体重散点图

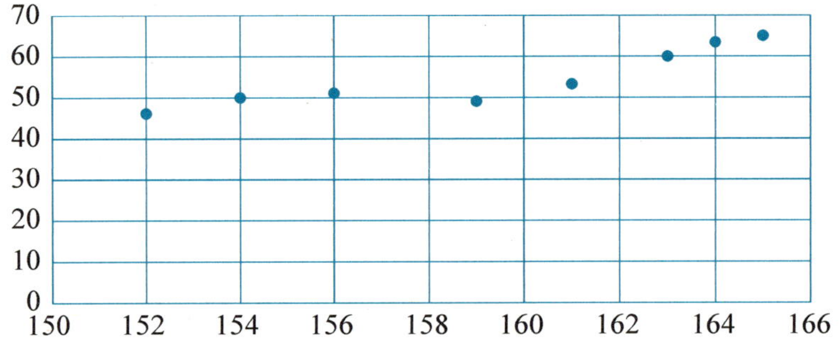

(b) 女生身高与体重散点图

图 3-18-1

从图 3-18-1 可以比较直观地看出，这些学生的身高和体重之间还是具有比较明显的线性相关性的，个子高的学生一般体重更大一些。

为了将以上线性关系更明确地描述出来，我们可以将表格中的两组数据分别代入①进行计算，得到的相关系数分别为 $r_{男} \approx 0.793\,4$， $r_{女} \approx 0.908\,4$。

所以，乐乐班级里的男生和女生的身高与体重之间都具有较强的线性相关关系，且都为正相关。

问题

19 下一年的电费开支会是多少？

知识点：线性回归

乐乐爸爸记录了家里近 10 年的电费开支账单，如下表所示，你能否根据这些数据预测下一年他们家的电费开支？

年份 x	2015	2016	2017	2018	2019	2020	2021	2022	2023	2024
电费 y/元	1 323	1 552	1 679	1 852	1 975	2 129	2 327	2 494	2 667	2 791

分析

从上表可以感受到，电费 y 随着年份 x 的变大而变大，并呈现出某种线性相关关系。题中的问题实际上就是要研究年份 x 与电费 y 这两个变量之间的相关关系，我们可以通过建立回归方程来解决这个问题。

一元线性回归分析

一般地，设给定一组有线性相关关系的成对数据 (x_1, y_1)，(x_2, y_2)，…，(x_n, y_n)，一元线性回归分析就是把因变量 y 用自变量 x 的式子表示出来，即 $y=ax+b$。把拟合误差 $\sum_{i=1}^{n}[y_i-f(x_i)]^2$ 取得最小值时得到的线性方程记为 $y=\hat{a}x+\hat{b}$，并称之为**变量 y 随 x 波动的回归方程**，回归方程所表示的直线称为**回归直线**，如图 3-19-1 所示。回归方

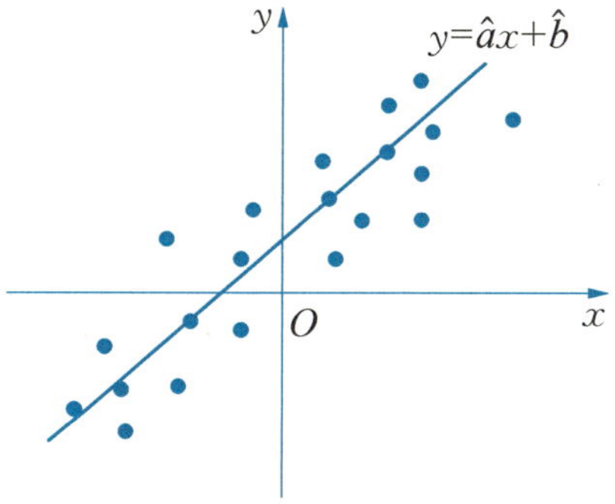

图 3-19-1

程的系数 $\hat{a}$ 与 $\hat{b}$ 称为**回归系数**。

回归系数 $\hat{a}$ 与 $\hat{b}$ 的计算公式如下：

$$\begin{cases} \hat{a}=\dfrac{\sum\limits_{i=1}^{n}(x_i-\overline{x})(y_i-\overline{y})}{\sum\limits_{i=1}^{n}(x_i-\overline{x})^2}=\dfrac{\sum\limits_{i=1}^{n}x_iy_i-n\overline{x}\,\overline{y}}{\sum\limits_{i=1}^{n}x_i^2-n\overline{x}^2}, \\ \hat{b}=\overline{y}-\hat{a}\overline{x}=\dfrac{\sum\limits_{i=1}^{n}y_i-\hat{a}\sum\limits_{i=1}^{n}x_i}{n}, \end{cases}$$

其中 $\overline{x}$ 与 $\overline{y}$ 分别是数据 x_i 与 $y_i\ (i=1,\ 2,\ \cdots,\ n)$ 的算术平均值。

有了回归系数 $\hat{a}$ 与 $\hat{b}$，就可以得到这一组成对数据的回归方程，由此可以预测 2025 年乐乐家的电费开支。

解答

下面利用回归系数 $\hat{a}$ 与 $\hat{b}$ 的计算公式求解回归方程。

由下表可知 $\hat{a}=\dfrac{13\ 335.5}{82.5}\approx 161.642$，$\hat{b}=2\ 078.9-161.642\times 2\ 019.5\approx -324\ 357.119$，由此可得回归方程为 $y=161.642x-324\ 357.119$。令 $x=2\ 025$，可得 2025 年乐乐家的电费开支约为 2 968 元。

x	y	$x_i-\overline{x}$	$y_i-\overline{y}$	$(x_i-\overline{x})^2$	$(x_i-\overline{x})(y_i-\overline{y})$
2015	1 323	−4.5	−755.9	20.25	3 401.55
2016	1 552	−3.5	−526.9	12.25	1 844.15
2017	1 679	−2.5	−399.9	6.25	999.75
2018	1 852	−1.5	−226.9	2.25	340.35

续 表

x	y	$x_i-\overline{x}$	$y_i-\overline{y}$	$(x_i-\overline{x})^2$	$(x_i-\overline{x})(y_i-\overline{y})$
2019	1 975	-0.5	-103.9	0.25	51.95
2020	2 129	0.5	50.1	0.25	25.05
2021	2 327	1.5	248.1	2.25	372.15
2022	2 494	2.5	415.1	6.25	1 037.75
2023	2 667	3.5	588.1	12.25	2 058.35
2024	2 791	4.5	712.1	20.25	3 204.45
$\overline{x}=2\,019.5$	$\overline{y}=2\,078.9$			$\sum(x_i-\overline{x})^2=82.5$	$\sum(x_i-\overline{x})(y_i-\overline{y})=13\,335.5$

当数据量较大时，我们可以借助一些软件中的回归功能直接得到回归方程，如图 3-19-2 所示。

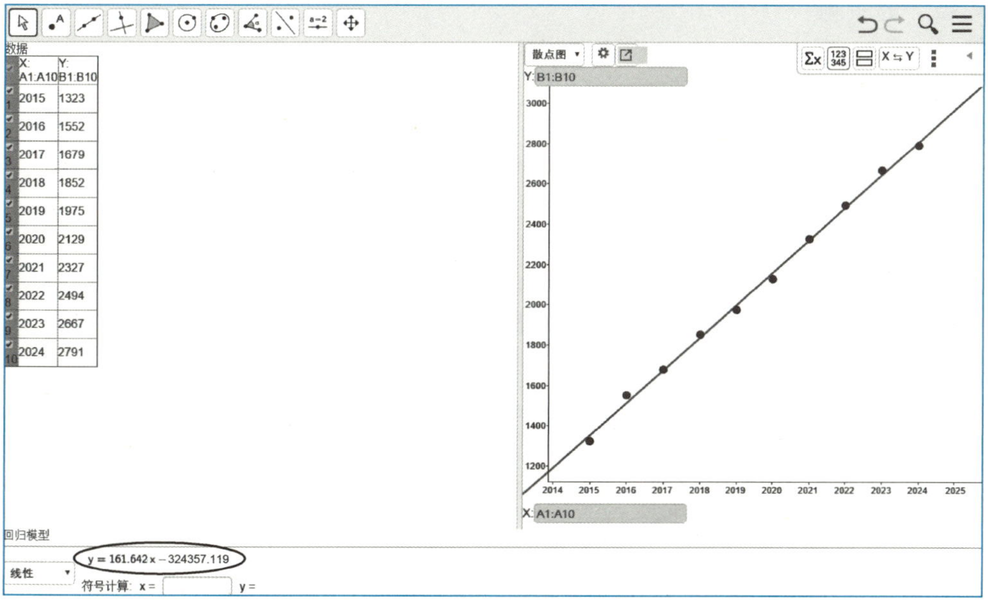

图 3-19-2

图书在版编目(CIP)数据

数学原来在这里. 高中篇 / 王文皓主编. -- 上海 : 华东理工大学出版社, 2024. 10. -- ISBN 978-7-5628-7597-0

Ⅰ. G634.603

中国国家版本馆 CIP 数据核字第 2024W29P22 号

项目统筹 / 郭　艳　王可欣
责任编辑 / 赵子艳
责任校对 / 张　波
装帧设计 / 视界创意
出版发行 / 华东理工大学出版社有限公司
地址：上海市梅陇路 130 号，200237
电话：021-64250306
网址：www.ecustpress.cn
邮箱：zongbianban@ecustpress.cn
印　刷 / 杭州日报报业集团盛元印务有限公司
开　本 / 787 mm×960 mm　1/16
印　张 / 10.25
字　数 / 155 千字
版　次 / 2024 年 10 月第 1 版
印　次 / 2024 年 10 月第 1 次
定　价 / 50.00 元